聖地と日本人

小松和彦

角川文庫
22611

プロローグ

日本文化の「秘められたもの」に近づくために

私はこれまで、「聖地」とか「異界」とか「魔界」といったキーワードを使いながら、日本文化の隠された、あるいは背後に押しやられて忘れられた側面の発掘に力を注いできた。それというのも、それを再発見することが、バランスを欠いた現代の日本人の精神文化の修復に役立つのではないか、と思っているからである。この本では、そうした試みの一環として、「能楽」とか「謡曲」とか言われている作品を取り上げ、そこに語り込められている「聖地」や「異界」を巡り歩き、なぜそこが日本人にとって「聖地」であり「異界」なのかを探ろうとしている。

「聖地」とか「異界」は、日頃それほど意識されることがない領域である。このために、日常生活に必要がないものとして無視されている。極端な場合には、排除・破壊されてしまう。しかし、「聖地・異界」というものは、文化に陰影を作り出す、とても大切な領域なのである。

たとえば、あなたの体のすべてが光の下にさらされた状態を想定してみていただきたい。あなたに付き従っているはずの「影法師」もなく、「陰部」といわれているとところにも光が注がれている。想像しただけでも、なんと恐ろしいことだろうか。そうなのだ。「聖地・異界」といった領域は、文化の「影」であり「陰」なのである。ところが、そのことがもはや意識されなくなりつつあるのが、いまの日本文化の状況なのである。

そんな思いに取り憑《つ》かれて、私は「聖地」とか「異界」と名づけることができるような場所を探し求めて、巡り歩き、一人でも多くの共感者を求めて、説教師のように、同じことをまさに手を替え品を替えながら、繰り返し説いてきた。

私はまた、日本文化の「陰影」を考えるときのキーワードの一つに、「奥」というものがある、とも説いてきた。「奥」はしばしば「表」の反対概念だといわれる。たしかに、「奥座敷」と対になる言葉として「表座敷」があるように、そういった意味もあることを否定しない。しかしながら、「奥社」や「奥の院」という言い方はあっても、表社、表院とはいわない。この場合には「本社」とか「本院」「本堂」である。つまり、「奥」には、「表」に留《とど》まらない、もっと違った意味も託されている。「奥」は「始点」からの距離＝「深さ」である。しかも、この「距離」は、たんに物理的な距離ではなく、社会的な距離や精神的な距離にも用いられる。「奥」とは「浅い」とか「深い」と表現される概念なのである。そして、その「奥」の向こうにあるのは、「未知なるもの」「秘められたもの」「神聖なもの」である。「深さ」をもった

「聖地・異界」の領域があることによって、いや、あると想定することによって、私たちの日常の生活世界に陰影が生まれ、私たちの世界が支えられていたのである。

しかしながら、「奥」の向こう側を見ることは、容易ではない。凝視しようとすると、たちまち消えてしまう。たとえば、鏡に幽霊が映ったので、振り返ると、そこには気配こそあってもその姿はない。だが、再び鏡を覗《のぞ》くと幽霊が映っている。そういうたぐいのものである。

私たちが「聖地・異界」と呼んでいる領域は、この「奥」の領域と深くかかわっている。この「奥」には果てがない。「奥」はどこまでも深く、その先に、そう、奥に行けば行くほど、暗い神秘の領域が続いている。本書で私が扱う「聖地」とか「異界」とは、そういった「奥」を感じさせてくれる「地上的領域」であり、もっとはっきり言えば、その「入り口」のことにすぎない。私は読者の皆さんに、そこに立つことで、その向こうに深々と広がっている「聖地・異界」の気配を感じ取ってもらいたい、と思っているのだ。

じつは能楽とは、日本人が作り上げた、もっともこの「奥」の領域にかかわった芸能である。それは、「奥」を創出する「装置」にして、その向こうにある「秘められたもの」に感応する「装置」なのである。

能楽は「聖地・異界」が映し出す装置

私が能楽に初めて接したのは、高校時代の時であった。たしか特別授業として鑑賞したのだが、どこの能楽堂だったのか、どんな作品だったのかまったく記憶がない。わずかに残る記憶といえば、ただただ退屈で、しかも上演時間が長いために訪れてくる眠気を必死でこらえていた、ということくらいである。

そんな初体験があったためだろうか、能楽が日本を代表する文化だ、と偉い先生方が説いているのを読んでも、私の興味をそそるようなものとは、とうてい思われなかった。能楽は、長らく、私にとって鬼門であった。できれば敬して遠ざけておきたいものであった。

私は大学の学部・大学院を通じて、文化（社会）人類学を専攻した。一般にこの学問は異文化を研究する学問ということになっている。実際、私は最初、アフリカ研究を志し、やがて事情あってミクロネシア研究に転向したが、いずれも能楽とはほとんど無縁の世界であった。異文化研究と並行して、民俗学にも興味をもち、主として高知県の山奥の民間信仰の調査を進めてきた。ここもやはり能楽とは無縁の世界であった。いや、長い間、そう思い続けてきた。

ところが、人類学的もしくは民俗学的な観点から研究していた高知の民間信仰を、その枠を越えてより深いところから、つまり日本の文化史を考慮しながら研究しなければならない、と思い至ったころから、ひたひたと能楽が私に近づいてきた。

どうして能楽が私に近づいてきたのだろうか。ひと言で言えば、私が「異界」や「妖怪《ようかい》」に興味を持ちだしたからである。たとえていえば、「日本文化」という大海に、ゆっくりと「研究」という名の深海潜水艇が深く潜っていったときに、深海に行けば行くほど、その船窓から目にする魚たちが「能楽」という名の魚であることに気づくようになった、というふうに説明できるかもしれない。要するに、日本文化のもっとも深層にかかわる内容が描き込まれているのが、能楽なのである。

いまにして思えば、まだ「聖地・異界」というものに無知であった私のような高校生には、退屈としかいいようのない演技も、じつは「奥」へ「奥」へと向かっていた芸能が編み出した巧妙な技法だったのである。

いま、私はときどき能楽を鑑賞する。相変わらず夢心地になる。ときには眠気をこらえることができなくなることもある。けれども、舞台が終わったとき、不思議な心地になる。緊張からの解放感、夢とうつつとの間をさまよった気分に浸るのだ。私の内面に日本文化の深層から送り出された霊気が注ぎ込まれたような、そんな気分になる。これを、先学たちは「夢幻」と呼び慣らわしてきたのだろう。

それにしても、どうしてそんな気分になれるのだろうか。間違いなく、私がこれまで「聖地」とか「異界」とかに関わるものを読み、そのような場所を巡り歩き、「異界」の奥を覗き込もうとしてきたことに由来する、諸々《もろもろ》の知識を身につけていたからである。日本の文化史に関する知識を広く学び、「聖地・異界」に関する造詣《ぞうけい》を深めれば深めるほど、能楽の世界は身近なものになってくるのである。

能楽が身近なものになってくるということは、自分が日本（人）の精神世界の内奥に接近しつつあるということを意味している。もちろん、能楽のすべてが「聖地・異界」に関わるものではない。しかしながら、能楽のもっとも基本的・原初的な形式は、「モノ語り」にある。当該の地にゆかりのある「亡霊」が現れて、昔のことを語り、亡霊が抱え持っている心情が吐露されることにある。この点に着目すれば、能楽とは、なんらかのかたちで「聖地・異界」にかかわる「語り」であることは明らかである。能楽とは、結果的には、「聖地・異界」を映し出すための「装置」となっているのである。

夢の中に登場する神仏

能楽を理解するためのキーワードをいくつか紹介しよう。

私がもっとも気に入っているのは、ワキ（脇役）として登場する「諸国一見の僧」である。この本のもとになった「聖地・異界巡り」の原稿を書いていたとき、私は不《ふ》遜《そん》にもこの「諸国一見の僧」と自分とを重ね合わせていた。諸国一見の僧になったつもりで、その跡を追い巡っていたのである。

「諸国一見の僧」については、宗教学者・川村邦光《かわむらくにみつ》の優れた論考「『諸国一見の僧』のメッセージ――〈モノ〉のざわめきに耳を澄ませ――」（小松和彦編『これは「民俗学」ではない』ベネッセ）があるので、それを参考にしながら、彼らの能楽における役割を見ておこう。

「諸国一見の僧」とは、諸国を遍歴し、さまよう亡霊を弔う遊行《ゆぎょう》の聖《ひじり》である。たとえば、能楽の《井筒《いづつ》》では、こんな風に語られる。

「これは諸国一見の僧にて候。われこの程は南都七堂に参りて候。またこれより初瀬《はつせ》に参らばやと存じ候。これなる寺を人に尋ねて候えば、在原《ありわら》寺とか申し候うほどに、立ち寄り一見せばやと思い候」

ここで述べられている「南都七堂」とは、「奈良の七大寺（東大《とうだい》寺、興福《こうふく》寺、元興《がんごう》寺、大安《だいあん》寺、薬師《やくし》寺、西大《さいだい》寺、法隆《ほうりゅう》寺）のことであり、「初瀬」とは長谷《はせ》寺の所在地、そして立ち寄った「在原寺」とは、『伊勢物語』で知られる、在原業平《ありわらのなりひら》が建立したという寺のことである。こうした名所旧跡にまつわる故事来歴を知らなければ、諸国一見の僧にはなれず、また亡霊にも会うことはできない。諸国一見の僧とは、その場所に特権的な、つまりその場所にゆかりのある亡霊を呼び出すあるいは誘い出す資質と技法を心得た特別な存在、つまりシャーマンとか霊媒ともいうべき存在なのである。

それでは、諸国一見の僧は、どのようにして、その場所に特権的な亡霊を誘い出すのだろうか。その方法は「夢見」にある。諸国一見の僧は、訪れた場所で夢うつつの状態になる。そのような状態になったときに、亡霊は出現してくる。

古来、神が示現《じげん》するのは、夢のなかであった。このために、人びとはこぞって「聖地・異界」に赴き、そこに何日も籠《こ》もって霊夢を乞《こ》い、その夢のなかで神の託宣を聞こうとした。たとえば、聖徳太子《しょうとくたいし》が斑鳩宮《いかるが》に建てた夢殿《ゆめどの》（現在の法隆寺夢殿はその後身）は、そうした神仏と交流する「装置」でもあったという。

諸国一見の僧も、夢のなかで亡霊と出会う。逆の言い方をすれば、夢を見るためには眠らなければならない。能楽は、おそらく聖地でのこの夢見の伝統を継承している芸能なのであろう。

だとすれば、諸国一見の僧に同化している観客は、眠らなければならない。眠ることによって夢が現れ、その夢のなかに亡霊が登場するのである。したがって、観客が能楽を見ていて、眠気を覚え、夢うつつのなかで、亡霊の登場を見るというのは、至極当然のことであった。能楽とはそのような仕掛けになっているのである。

大切なことは、かつての人びとは夢を介して異界の彼方《かなた》からのメッセージを聞き取ろうとしたことである。そのための知識や心構えをもっていたのだ。

なるほど、たしかに、能楽堂に行けば、私たちの前にも亡霊は必ず現れる。いつの間にか舞台の上に現れている。しかしながら、私たちの多くがそのメッセージを聞き取るだけの知識を持っているかどうかは疑問である。もしその知識が無ければ、舞台の上の亡霊を、ただ眠気をこらえながら見つめるだけである。

したがって、そのメッセージを聞き取るためには、私たちも亡霊の言葉を読み取れるだけの最低限の知識や心構えを回復しなければならないわけである。シャーマンのような存在にならなければならないのだ。

もちろん、私もそのような知識を十分に身につけているわけではない。身につけようと努力している過程にあるにすぎない。

「異界」を覗き見る

もう一つのキーワードは「鏡の間」である。舞台の左奥、演者が舞台に登場してくる橋がかりの突き当たりに揚幕がある。その向こう側にある部屋が「鏡の間」である。

したがって、この「鏡の間」は観客からは見えない。ここには「鏡」があって、舞台へ出る演者が自分の姿を映して見ることになっている。シテ（主役）が面をつけるのも、この「鏡の間」である。ここは演者が変身する場所でもあるのだ。

戸井田道三《といだみちぞう》によれば、この「鏡の間」は、《紅葉狩《もみじがり》》や《土蜘蛛《つちぐも》》などに用いられる「山の作り物」や、《定家《ていか》》で用いられる「塚（墓）の作り物」と等しい関係にあるという。というのも、シテはこの「山」や「塚」に一度入り、再び出てくるときには亡霊や妖怪に変貌《へんぼう》するからである。すなわち、「鏡の間」や「山」や「塚」は、変身のための「うつろ（空、虚）」の空間であり、「始原の空間」なのである。

戸井田は、これを次のように説明している。「シテが山にはいるというのを内面的に考えるとはどういうことなのだろう。子供が冷蔵庫のような密閉されたものにはいりたがるのが、母の胎内に還帰したいという欲求のあらわれだとするならば、やはり能のばあいもそれにつらなっていると考えられる。この場合はいる空間は世界とよばれるのがふさわしい」（『能――神と乞食の芸術』せりか書房）。

戸井田はこれに関連して、能楽は、空間論的にも、時間論的にも、入れ子構造になっていると述べ、次のような興味深い指摘もおこなっている。「入れ子」とは大きな箱のなかに小さな箱が入っており、その小さな箱のなかにさらにもっと小さな箱が入っているという構造をいう。

「われわれは劇場の入り口をはいることで、特殊な演劇の世界にはいり、そこで舞台というそのなかのもう一つの壺に対面するのだ。能の舞台では、そこに登場する人物がまた舞台の壺である作り物の中にはいる。死と再生の祭儀がおこなわれるのだ。それと同じように、われわれは舞台に直面して仮死の状態にあり、生まれ変わって劇場を出てくる……劇場・舞台・作り物のイレコ構造は空間の構造ばかりでなく時間構造でもある。世界の初発のときとしての根源へさかのぼり、そこから現在へと再生してくる空間構造であったのだから、これは時間的に太初と現在とを往復することでもあったのだ。そして時間もイレコ構造になっていた……なぜ夢幻的な感じがひきおこされるのか。おそらくは時間が現在に意識として流れながら昔にさかのぼり、その時間のなかでさらに別の時間にさかのぼるからであろう」

　つまり、ワキである諸国一見の僧と里人に変じて登場するシテとの現在という時があり、その里人が語る昔の時へと語りは移り、さらにその昔の時の語りのなかに、さらにその昔（昔のなかの昔）へと語りが入っているわけである。わかりやすくいえば、たとえば私が諸国一見の僧の前に出現した亡霊だとすると、亡霊の私が自分の人生を語り、その人生の一コマとして私の父の人生についての語りがあり、さらにときには父についての語りのなかに父の父（つまり私の祖父）についての語りが含まれる、というわけである。

　この、空間的にも、時間的にも、入れ子になっている構造は、私なりにいい直せば、まさしく時空の「奥」へ向かう思考ということになる。能楽とは、幾重にも「奥」を抱え持った芸能であり、「鏡の間」とは、奥へ奥へと私たちを誘う「装置」なのである。それを戸井田は「入れ子」にたとえたのである。

「鏡の間」にふれたのだから、「鏡」についても少し考えておこう。「鏡」は、現在では、「聖地・異界」が忘れられていることに対応するかのように、現実にある物を映すだけのものになり下がってしまっている。だが、かつてはもっと重要な意味が賦与されていた。それは、「神々や妖怪変化」を映し、「過去」を映し、「遠い世界」を映し、さらには「未来」を映すものであった。

つまり、これも「異界」をのぞき見る「装置」であった。戸井田道三も留意しているように、能楽の作品には、水鏡を見る場面がかなりある。そこに何が映っていたのかは定かでないが、自分の姿かたちだけでなく、その「奥」＝外面の下に隠されている「内面」を、その「内面」のさらに下に隠されている「無意識（執心、怨《うら》み心）」を、映していたのかもしれない。

京都人にとっての「聖地・異界」

さて、これから私は能楽の諸国一見の僧よろしく、「聖地・異界」を巡り歩くわけだが、その前に、どうしても確認しておかねばならないことがある。それは、「諸国一見の僧」が巡り歩く「聖地・異界」とは、「京都」から見た「聖地・異界」である、ということである。

能楽は、京都の歴史、京都に集積されてきた知識・記憶を呼び出し寄せ集めることで作り上げられた芸能であって、そこに描かれた「聖地・異界」あるいは「奥」は、京都（人）にとってのそれなのである。当時の都であった京都の人びとが、京都の町中に住みながら想定していた「聖地・異界」が、そこに語り込まれているのである。ということは、「諸国一見の僧」とは、じつは京都人の分身・代理人であって、そのような聖が、京都人にとっての全国各地の「聖地・異界」を巡り歩いている、ということになる。《鞍馬天狗《くらまてんぐ》》に語られる「鞍馬山《くらま》」も《小鍛冶《こかじ》》に語られる「稲荷山《いなり》」も、京都人にとっての「聖地・異界」であり、さらにまた《善知鳥《うとう》》の「越中・立山《えっちゅうたてやま》」も、《安達原《あだちがはら》》の「奥州安達が原《おうしゅう》」もすべて、京都からみた「聖地・異界」であった。

そこで、現代の諸国一見の僧よろしく、能楽のなかの「聖地・異界」を巡るということは、私が中世の京都人の代理人として、京都にとっての「聖地・異界」を巡るということになるわけである。能楽のコスモロジーは、京都人のコスモロジーなのである。

それでは、こうした京都人のコスモロジー、京都にとっての「聖地・異界」をたどることに、どのような意義があるのだろうか。正直に述べれば、私はたまたま能楽という格好の素材があったから、それを取り上げたにすぎない。素材さえあれば、東北人にとっての、関東人や江戸《えど》人の、あるいは九州人にとっての「聖地・異界」論を構築することができる。そうした試みがなされてしかるべきだと思う。

そうしたことを認めたうえで、それでもやはり強調したいのは、歴史的にみて、京都が現在の日本文化につながる文化の太いルーツとなっているということである。しかも、能楽が作り上げた空間と時間を遡及《そきゅう》する方法は、現代の日本人に、「現代」という時代を考えさせる方法ともなりうると思われる。

川村邦光ふうに表現すれば、能楽のなかの《モノ》(亡霊)たちのざわめきに耳を澄まし、そのメッセージを受け取ることが、いまの日本人には大切なことだと思われてならないのである。

いま、近代の日本が崩壊しつつある。おそらく、もっともっと解体していくことだろう。そのような時代だからこそ、私たちは「能楽」が持ち伝えてきた日本文化の深層の意味を問い直し、それを未来に生かす方策を考えねばならない。私たちは、私たちが住む「現在」が、幾重にも重層化された時間と空間の上に成り立っていることに気がつかねばならない。

それに気づくことによって作り出される歴史意識、文化意識は、奥深さをもった日本文化・日本人を育てるはずである。私が探し求めている日本文化・日本人は、陰影をもった日本文化・日本人、「陰」と「陽」とがバランスを保っている日本文化・日本人である。「聖地・異界」を巡ることで、そんな日本文化・日本人を再考する手がかりを得たいと思っている。

それでは、以上のような差し当たっての予備知識や心構えを持ちながら、諸国一見の旅に、「聖地・異界」への旅に、出かけることにしよう。

鞍馬・僧正ヶ谷 ―― 天狗の巣窟で牛若丸と出会う

鬼も大蛇も出る山

まず最初に取り上げる聖地・異界は「鞍馬山《くらま》」である。

当然のことながら、鞍馬山に関係した能の作品ということになれば、有名な《鞍馬天狗》である。作品の内容は、以下のようなものだ。鞍馬寺の僧が稚児《ちご》の牛若丸《うしわかまる》(源義経《みなもとのよしつね》)たちをともなって花見に出かけたとき、見知らぬ山伏《やまぶし》が現れたので、一行は牛若丸だけを残して帰ってしまう。これを憐《あわ》れんだ山伏は、各地の花の名所を案内したあと、じつは自分はこの山に長年棲《す》んでいる大天狗《だいてんぐ》であると名乗り、平家《へいけ》討伐のための兵法を授けるので、明日再びここに来るように、と告げて去る。翌日、牛若丸が支度をして待っていると、約束どおりに大天狗が各地の天狗を引き連れて現れ、兵法の秘伝を教える。

鞍馬寺は京都の北の山の一つ鞍馬山に位置し、平安《へいあん》時代の初めに藤原伊勢人《ふじわらのいせんど》によって創建されたという。戦後独立して現在は鞍馬弘教《こうきょう》を名乗っている。しかし、それ以前は長らく天台《てんだい》宗系の寺院であり、さらに、最初の別当《べっとう》（住職）を務めたのが東《とう》寺の峰延《ほうえん》という僧であったというから、創建当初は真言《しんごん》宗系の寺院であった。本尊は北方を守護する毘沙門天《びしゃもんてん》である。鞍馬寺の本殿から奥の院である魔王《まおう》殿へ至る途中、鞍馬山の西方に位置するのが僧正《そうじょう》ヶ谷である。この本殿から魔王殿に至る山道は、起伏に富み、異界にさ迷い込んだ雰囲気が漂っていて、私がもっとも気に入っている空間である。

鞍馬山の異界性を考えるときに忘れることができないのは、この峰延をめぐる伝説である。あるとき、峰延が紫雲に導かれて鞍馬山に分け入ると、無住の毘沙門堂があった。日が暮れたので、お堂のそばでたき火を焚《た》いて夜をあかそうとしたところ、夜中に鬼が現れて襲ってきた。だが、必死で毘沙門天の呪文《じゅもん》を唱えたら、腐った大木が倒れてきて鬼を下敷きにした。その後、峰延がこの堂に住み着いてお勤めをしていると、山奥から大蛇が出てきた。そこで今度も毘沙門天の呪文を唱えると、たちまち大蛇は斬り殺された。この伝承に基づいて行われてきたのが有名な「竹伐《たけき》り会《え》」である。

もちろん、鬼や大蛇の住処《すみか》が、僧正ヶ谷でありその近くの魔王殿のあたりであったとされていたかどうかは定かではない。だが、このような伝承が僧正ヶ谷が天狗の住む領域とみなされるようになる背景になっていたことは否定できない。また、こうした伝承を語り継いできた山伏たちは、このような領域を好んで修験《しゅげん》の道場にしたので

「鞍馬縁起」より大蛇退治の場面(国立国会図書館蔵)

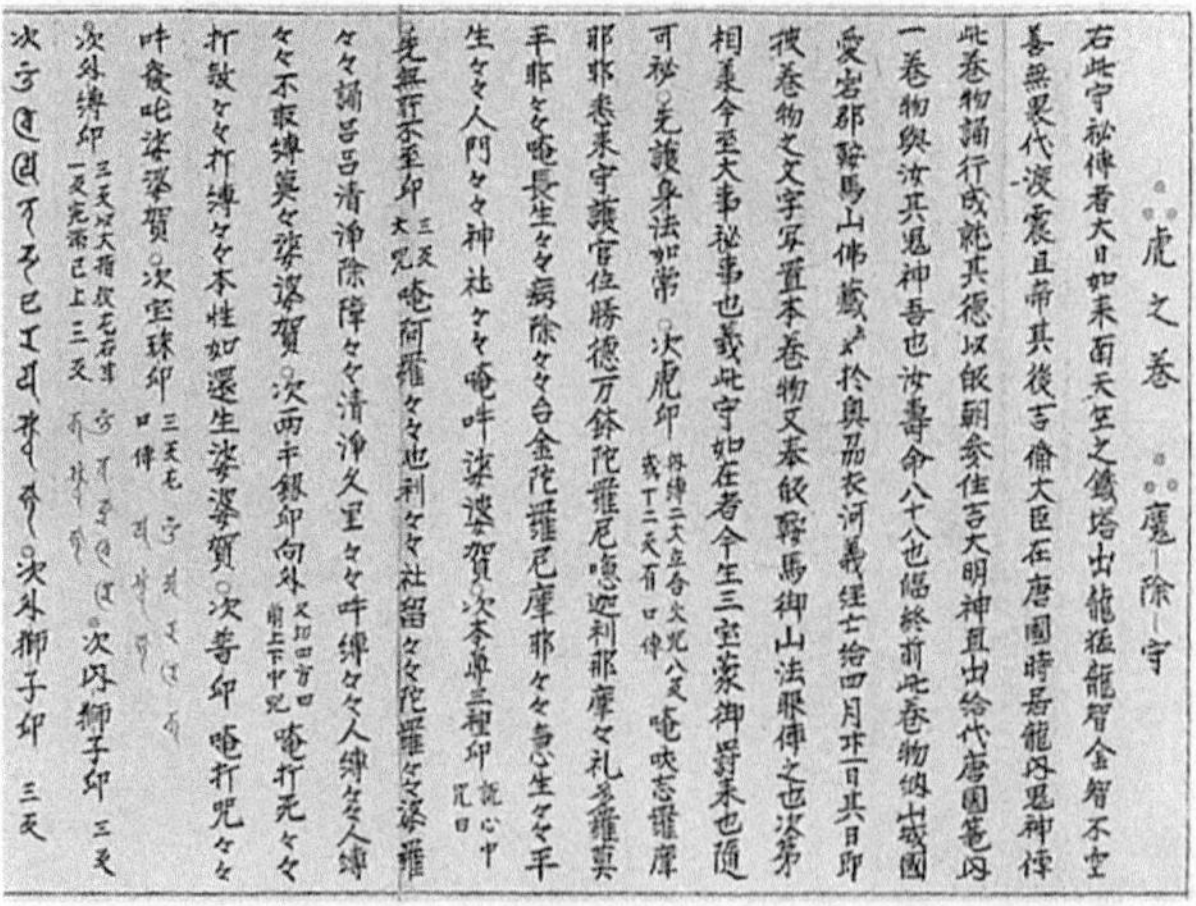
虎之巻　魔除守

義経ゆかりの鞍馬寺に伝わる「虎の巻」（「兵法虎之巻」鞍馬寺蔵、部分）

あった。

　ところで、牛若丸といえば、後に彼の従者になる弁慶《べんけい》との五条《ごじょう》の橋の上での勝負の話や、鞍馬寺時代の天狗を相手の剣術修行の話が広く人口に膾炙《かいしゃ》した。その結果、鞍馬といえば、天狗の本拠地と思われ、さらには鞍馬の天狗は全国各地の天狗の頭領で、その名を僧正坊という、といった話が流布することになった。

　しかしながら、鞍馬と天狗の関係を調べてみると、天狗の住処としての伝承の発生は、意外なほど遅く、「この山の僧正ヶ谷に久しく棲む大天狗」という言い方が現れてくるのは、能《鞍馬天狗》や、牛若丸が鞍馬の奥にある天狗の住処を訪れるお伽草子《とぎぞうし》の

『天狗の内裏《だいり》』あたりからなのである。

たしかに、牛若丸と天狗の関係を物語る伝承記録は、それ以前にも存在する。たとえば、その早い時期の伝承記録である『太平記』巻二九には、「鞍馬の奥僧正ヶ谷にて愛宕《あたご》・高雄《たかお》の天狗どもが、九郎判官《くろうほうがん》義経に授けし所の兵法」という記述がみえる。しかし、この記述では、場所は僧正ヶ谷であるが、兵法を教える天狗は、僧正ヶ谷からさらに西方の愛宕や高雄の山に棲む天狗であった。これらの山に天狗が棲むということは早くから知られており、とりわけ愛宕山は、平安時代から天狗の一大拠点ということになっていた。

つまり、これらの山の天狗が、牛若丸に兵法を授けるために鞍馬の僧正ヶ谷まで出張してきたのである。さらにいうと、江戸時代の記録にも、現在の魔王殿のあたりに「太郎坊社《たろうぼうしゃ》」が祀《まつ》られていた、とある。「太郎坊」とは愛宕山の天狗の名称であるから、この時代でもなお愛宕山の天狗との深い関係が意識されていたわけである。

「虎の巻」に魅せられた人びと

お伽草子『天狗の内裏』は、鞍馬寺で学問修行をしていた牛若丸が、毘沙門天の導きで「天狗の内裏」に赴き、密教の中心本尊である大日如来《だいにちにょらい》に生まれ変わった父・義朝《よしとも》から、平家打倒のために役立つ兵法書の存在を教えられる話である。

この物語によれば、僧正ヶ谷の不動堂から丑寅《うしとら》（北東）の方角に登ったところに沢がある。この沢をさらに登っていくと弥陀《みだ》の原というところに出る。そこに三本道があるので真ん中の道を行くと天狗の内裏に至るのだという。

天狗の内裏とは、天皇が住み暮らす御所に対応する、文字通り天狗の宮殿である。その紫宸殿《ししんでん》（本殿）には大天狗が住んでいて、愛宕の太郎坊、比良《ひら》の次郎坊《じろうぼう》、高野山《こうやさん》の三郎坊《さぶろうぼう》、那智《なち》山の四郎坊《しろうぼう》など各地の天狗が参集してくるのだ、と語られている。こうした天狗たちにもてなしを受けた牛若丸が、大天狗の后《きさき》——もとは人間で、さらわれて大天狗の后になった——から、夫は地獄や浄土《じょうど》にも毎日飛行していることや、九品《くぼん》の浄土（九種類ある浄土の世界）には父・義朝が大日如来に生まれ変わっている、ということを教えられる。そこで、牛若丸は大天狗の案内で地獄を巡りつつ九品の浄土に行き、父から、讃岐《さぬき》国の法眼《ほうげん》が所持する兵法の巻物や、きまん（鬼満？）国の八《はち》面大王《めんだいおう》が所持する四十二巻の「虎の巻」を手に入れて、奥州藤原秀衡《ひでひら》五十万騎を率いて都に上れ、との未来の指針を得ることになる。

この話では、大天狗は兵法書の存在を牛若丸が知る手助けをしているにすぎず、法眼という者や八面大王という鬼が兵法書を所持している、と語っている。このような伝承のもとになった話は、牛若丸—義経伝説の原典となった『義経記《ぎけいき》』にまでさかのぼる。

「源牛若丸僧正坊ニ随武術を覚図」歌川国芳画（国立国会図書館蔵、部分）

これによれば、京都の一条戻橋《いちじょうもどりばし》の近くに、砦《とりで》のような邸宅を構えていた陰陽師《おんみょうじ》法師の「鬼一《きいち》法眼」が中国から伝来した兵法書を秘蔵していて、その娘と浅からぬ契りを交わした牛若丸が、彼女の援助を得て邸宅から盗み出したのであった。

鬼一法眼は陰陽師である。したがって、もともとはこの種の兵法書伝承は、陰陽師たちの間で作り出され語られていたものらしい。それが山伏集団もしくは牛若丸伝承を媒介にして鞍馬に持ち込まれ、いつしか天狗の所持する兵法書とか天狗の兵法という伝承へと発展していったようである。

実際、鞍馬寺には鬼一法眼所持の「虎の巻」が伝えられ、近世には鞍馬寺大蔵院配下の宗教者たちが同様の「虎の巻」を販売していたという。「虎の巻」の相伝の次第によれば、この書物はもとは奈良《なら》時代に、吉備真備《きびのまきび》が唐《とう》から日本に伝えたもので、彼が臨終に際して鞍馬の仏蔵に納め、藤原利仁《としひと》が鬼退治に出かけたときに毘沙門天からこれを授かり、後には征夷大将軍の坂上田村麻呂俊宗《さかのうえたむらまろとしむね》が、さらにその後には前述の鬼一法眼が所持することになった。それを義経が入手し、義経が亡くなった後は鞍馬の仏蔵に納め戻された云々《うんぬん》、と書かれている。

さらに興味深いことに、いつ祀られるようになったかは定かではないが、鞍馬寺の境内には、この鬼一法眼を祀った小社もある。

以上述べてきたように、鞍馬山の僧正ヶ谷が異界としての性格を持つようになったのは、峰延の鬼・大蛇伝説をふまえつつ牛若丸伝説を核にしながら、鬼―陰陽師、天狗―山伏伝承などが絡まりあった伝承によっているのである。能の《鞍馬天狗》も、このような伝承文化のなかにおいて理解することができるのである。

清水・音羽の瀧――観音が結んだ縁

豊穣を約束する聖なる水

清水《きよみず》寺は、縁起によれば、宝亀《ほうき》九年（七七八）に賢心《けんしん》法師（延鎮上人《えんちんしょうにん》）と坂上田村麻呂の出会いによって建立された古い寺である。能の《田村《たむら》》は、この清水寺を舞台にした曲目で、創建時に旦那《だんな》（施主）であった田村丸《たむらまる》（麻呂）の亡霊を呼び出して、その生前の偉業を語らせるのである。

ところで、京都には桜の名所が数多くあるが、清水寺、とくに境内の地主権現《じしゅごんげん》（現在の地主神社）は、室町《むろまち》時代の歌謡集『閑吟集《かんぎんしゅう》』に「面白の花の都や、筆で書くとも及ばじ東には祇園《ぎおん》清水落ち来る瀧の音羽《おとわ》の嵐に地主の桜は散り散り……」と歌われているように、すでに中世から京都を代表する桜の名所であった。《田村》のなかでも、「あらあら面白の地主の花の気色やな、桜の木の間に洩《も》る月の雪も降る……」と、そのすばらしさを称《たた》えている。

この作品の内容は、東国の僧が、桜の季節に都見物にやってきて、清水寺に参詣《さんけい》す

『都名所図会』より「音羽山清水寺」（国立国会図書館蔵）

ると、地主権現に仕えるという一人の童《どう》子《じ》が現れて、この僧に寺の創建の由来を述べ、近辺の名所を教えて、田村堂の中に入ってしまう。不思議に思った僧が、ここで終日法華経《ほけきょう》を唱えていると、その夢に田村丸が現れ出て、伊勢《いせ》の鈴鹿《すずか》山に棲《す》む凶徒を、千手観音《せんじゅかんのん》の力を借りて退治したことを告げて消え去る、というものである。すなわち、前段は清水寺の縁起に即したものであり、後段は初期の縁起類にはみられない、中世に作り出されたお伽草子《とぎぞうし》系の田村麻呂伝承（たとえば『田村の草子』など）に即したものとなっているわけである。

これについて、もう少し詳しくみてみよう。清水寺の縁起を記した文献、たとえば『今昔物語集』によれば、建立の経緯とは次のようなものであった。

大和《やまと》国高市郡《たけちのこおり》の小島山寺（現・小嶋寺。奈良県高市《たかいち》郡高取町《たかとりちょう》）に、報恩大師《ほうおんだいし》の弟子の賢心という僧がいた。仏教修行にひたすらいそしんでいたが、あるとき、夢のなかに現れた人に「南を去って北に行け」と教えられる。そこで、淀《よど》川の上流をさかのぼって平安京に入り、その東の山に入ったところ、昼なお暗い木立のなかに瀧があった。その近くに庵《いおり》を結んで二百年にも及ぶという不思議な老僧・行叡《ぎょうえい》が住んでいて、ここに観音のための堂を建てよ、と指示して姿を消す。

ちょうどそのころ、田村麻呂が病に伏す妻の薬にする鹿を求めてこの山に入り、賢心に出会った。このことを妻に話すと、「鹿を殺生するのは罪であって、後生の幸せは願えない。その罪を除くためにも、賢心のために観音堂を建てましょう」と言う。こうして、賢心改め延鎮と力を合わせて、観音堂を建立した。これが現在の清水寺である。

中世のお伽草子『田村の草子』は、妖怪《ようかい》退治に長《た》けた藤原俊祐《としすけ》・俊仁《としひと》・俊宗の三代にわたる武将の物語であるが、田村丸は三代目の俊宗のことである。田村丸は、奈良坂の金つぶてを打つりょうせん坊という妖怪を退治し、さらに勅命により、鈴鹿《すずか》山の鬼神大嶽丸《おおたけまる》を討つように命じられる。田村丸は、この山の女神鈴鹿御前と夫婦になってその援助を得て、大嶽丸を退治する。やがて鈴鹿御前は定命が尽きるが、田村丸は

「清水の舞台から飛び降りる」という諺の由来にもなっている清水寺本堂の舞台

冥界《めいかい》にまで赴いて妻の魂を迎え、他人の体を借りて蘇生《そせい》させる。田村丸俊宗は観音の、鈴鹿御前は竹生島弁財天《ちくぶしまべんざいてん》の化身《けしん》（神仏のこの世への生まれ変わり）であって、後生のために、大同《だいどう》二年（八〇七）に寺を建立した。当初、大同寺と称したが、この辺りの水が清らかなことから、清水寺と改められた。

すでにおわかりのように、いま紹介した二つの系統の縁起は、内容が大きく異なっている。しかし、清水寺創建にとって本質的と思われる三つの点、すなわち、創建には東北地方（蝦夷《えぞ》の地）を平定した坂上田村麻呂が深く関わっていたこと、この地が平地から少し山に入ったところの瀧（音羽の瀧）もしくは水源のあるところだということ、そしてそこに観音が祀《まつ》られたことの三点が、しっかり書き込まれていることである。

これら三点のうちで、清水寺の聖性あるいはこの地の「異界性」を考えるときに、もっとも重要な事柄は、瀧（水源・清水）と観音の関係である。というのは、先学が指摘するように、観音の霊場は、瀧や清水が湧く岩場や洞窟《どうくつ》を抱え持っているところが多く、これは、豊穣《ほうじょう》を司《つかさど》る古来の水神＝地母神の聖地に、新来の女神とみなされた仏教系の観音が進出し、その役割を引き継いだ結果である、と考えられているからである。

つまり、かつては音羽の瀧とその近辺の岩場は、豊穣を約束する聖（性）なる水が湧き出てくる「母胎」とみなされていたのである。おそらく、そうした古くからの水神＝豊穣の神の系譜を引いているのが、「地主権現」であったと思われる。

男女の縁を結ぶ、清水の観音

こうしたことを確認しておくことで、その後の清水寺の観音をめぐる霊験の特徴がよく理解できるようになる。というのは、清水寺の観音は、縁結びや子授け、安産、到福の神として霊験をとどろかせることになるからである。現在、私たちが目にする地主神社の賑《にぎ》わいの背景には、長い歴史が存在しているのだ。

観音を祀る寺には、貴族層の女性が好んでお籠《こ》もりをした。とりわけ、清水寺は祈願のためのお籠もりをする寺として多くの信仰者を集めていた。とはいえ、お籠もりをする寺が観音を祀っている寺に限られていたわけではない。また、お籠もりの理由も多様であっただろう。しかしながら、女性の信仰者を多く集めて、観音の霊験として縁結びが謳《うた》われるようになった背景には、観音が「豊穣」をもたらす神であることが深く関わっているはずである。

このあたりの事情を伝える事例は数多くある。その一つの類型に「申し妻（夫）」の話がある。理想の妻や夫に引き合わせてもらうために清水の観音に参詣するのである。狂言の《伊文字《いもじ》》もその一例である。これは、主役のシテを助ける脇役の主が

「これはこの辺りに住まい致す者でござる。恥ずかしい申しごとではござるが、それがしいまだ似合わしい妻がござらぬ。それにつき、清水の観世音は験仏者《げんぶつしや》（霊験のある仏）じゃと申すによって、妻乞《こ》いに参ろうと存ずる」といって、太郎冠者《かじや》をともなって清水寺に参詣する。観音のおかげで美しい女とめぐり会うのだが、女が歌で告げた住まいがわからず四苦八苦する、という話である。

これと同じ趣向になっているのが、お伽草子の『ものくさ太郎』や『小男の草子』である。たとえば、『ものくさ太郎』では、ものくさ太郎《たろう》ひじかすは、信濃国筑摩郡《しなののつかまのこおり》あたらしの郷の住人で、寝てばかりのひどいものぐさな男で、極貧の生活を送っていた。この太郎に興味を持った地頭が、百姓に彼を養わせる。やがて、この郷に都での夫役《ぶやく》（労働課役）が課せられたとき、百姓たちは彼を都に送ることにする。

都に出た太郎は、まめな男に一変する。夫役も無事に済ませ、帰国にあたって妻を得たい、と宿の主人に相談したところ、清水の大門の前で、参詣にやってきた気に入った女を辻取《つじと》り（誘拐）したらよい、と教えられる。そこで、大門の前で女を物色し、気に入った貴族の女に言い寄るが、逃げられてしまう。しかし、太郎は女が残した謎歌を解いて女のもとに行き、やがて女は太郎の歌の才知に感じ入って求婚を受け入れる。その後、太郎は天皇の孫であったことが判明する、というものである。

清水の聖地は音羽の瀧

いま一つの類型は、「申し子」である。子どもに恵まれない夫婦が子宝を授かるために寺社に参詣するというもので、これも清水寺の観音が有名であった。たとえば、お伽草子『梵天国《ぼんてん》』では、五条の右大臣が清水の観音に祈って生まれた中納言が、父母亡き後、菩提《ぼだい》を弔《とむら》うために笛を吹いていると、彼の孝行に感心した梵天王が現れ、美しい姫を妻として与える。これに嫉妬《しっと》した帝《みかど》が次々に難題を中納言に課するが、姫の援助でことごとく解決する、という話になっている。

また、『さよ姫の草子』でも、長者夫婦が清水に祈願してさよ姫を授かっており、説経『しんとく丸』も、河内《かわち》国の信吉《のぶよし》長者夫婦が清水の観音に祈願して生まれたしんとく丸《まる》の物語である。

こうした「申し妻（夫）」伝承や「申し子」伝承が観音に結びつけられて語り出され、その聖地の代表の一つとして清水寺が有名になった背景には、清水寺が京都洛《らく》中《ちゅう》からほど近い観音の、水神の聖地であったからであろう。おそらく、こうした観点からすれば、田村丸と鈴鹿御前の出会いも、賢心と田村麻呂の出会いも、観音が結んだ縁ということになるだろう。

以上のことをふまえれば、清水寺に参詣したときには、本尊の観音を拝むのはもちろんのことだが、その古来の姿を伝える地主神社、さらにはその原初形態である音羽

清水の霊験の源泉である音羽の瀧

の瀧を拝むことが大事だ、ということになる。そこに、聖地・清水寺の「異界性」の根源があるからである。

愛宕山――天界・魔界ともつながる空間

太郎坊天狗が棲む山

能の《善界《ぜがい》》は、『今昔物語集』にみえる、中国から渡ってきた智羅永寿《ちらえいじゅ》という天狗《てんぐ》の話を原拠とした『是害坊絵巻《ぜがいぼう》』をもとに作られたものである。能の話は、次のようなものだ。

日本は仏法が盛んだということを聞いた中国の善界坊という天狗が、それを妨げようと思い立ち、愛宕山（京都市北西部、上嵯峨《かみさが》の北にある。標高九二四メートル）に棲《す》む太郎坊という天狗のところに飛来する。手始めに都に上る途中の比叡《ひえい》山の飯室《いむろ》の僧正を襲う。しかし、僧正が信仰する不動明王《ふどうみようおう》や都を守護する神々が現れて、撃退されてしまう。

ところが、もととなった曼殊院《まんじゆいん》本『是害坊絵詞』では、是害坊の比叡山への攻撃は一度ではなく、三度に及んでいる。話の要約を以下に紹介しよう。

康保《こうほう》三年（九六六）の春、中国から天狗・是害坊がやってきて愛宕山の日羅坊《にちらぼう》とい

『牛若丸鞍馬修業圖』惺々周麿筆（香川大学図書館　神原文庫蔵）

う天狗のところに草鞋《わらじ》を脱ぎ、「日本の僧の修行の妨害にやってきた」と告げる。比叡山に案内された是害坊が待ち伏せしていると、宮中に祈禱《きとう》に出かける余慶《よけい》という僧がやってきた。是害坊が攻撃を仕掛けようと思ったときにはすでに遅しで、突然、余慶が不動明王に祈って発動した「鉄火輪」が飛来し、退散せざるをえなかった。

醜態をさらした是害坊が再度待ちかまえていると、飯室の深禅権《じんぜんごんの》僧正《そうじょう》の一行が通りかかった。是害坊が攻撃を仕掛けようとすると、今度は二人の護法童子が出現して手にした杖《つえ》で是害坊を打ち据え追い払った。ほうほうの体で逃げ戻った是害坊は、もう中国に逃げ帰りたい思いであったが、比良山の天狗・聞是坊《もんぜぼう》にそそのかされ、しぶしぶ三度目の挑戦をすることになった。

ところが、是害坊には運の悪いことに、通りかかったのは、比叡山の頂点に立つ天台座主《ざす》の慈恵大師良源《じえだいしりょうげん》（比叡山中興の祖・元三《がんざん》大師）の一行であった。座主の輿《こし》にはたくさんの童子が付き従っていて、老僧姿の是害坊を見つけると、たちまち縛り上げ踏みつけ、一行が立ち去ったときには、是害坊は瀕死《ひんし》の状態で現場に倒れ伏していた。助け出された是害坊は、日羅坊らに「日本は小国だが徳を積んだ僧は多い。あなたの傲慢《ごうまん》さがこうした結果を招いたのだ」と戒められたあと、賀茂《かも》川で治療を受けて傷を癒《いや》し、中国に帰っていった。

　曼殊院本では愛宕山の天狗は「日羅坊」となっている。だが時代が降《くだ》った絵巻になると、「太郎坊」となる。これは愛宕山の天狗は太郎坊と称するという言い習わしが広く流布したことをふまえたものである。

　さて、この太郎坊天狗が棲むという、京都市の北西にそびえる愛宕山とは、どのような山だったのだろうか。愛宕山はすでに平安時代から地蔵菩薩《ぼさつ》の霊地にして天狗の本拠地として知られ、平安末期には天狗の像も祀《まつ》られていたという。というのは、保《ほう》元《げん》の乱（一一五六年）の首謀者の一人である藤原頼長《よりなが》の日記『台記《たいき》』に、この山の天狗の像に釘《くぎ》を打ち込んで呪詛《じゅそ》する事件があった、という記述が見出《みいだ》されるからである。

久寿《きゅうじゅ》二年（一一五五）、近衛《このえ》天皇の崩御後、頼長のところに友人がやってきて、不吉な噂を教えた。鳥羽《とば》法皇が頼長とその父・忠実《ただざね》を恨んでいる、というのだ。わけを聞くと、法皇が雇った巫女《みこ》に、亡くなった近衛天皇の霊が乗り移って、「数年前、誰かが愛宕の天狗の像に釘を打ったので、私は死んだのだ」と口走った。そこで使者を遣わして調べさせたところ、そのとおりであった、というものであった。

もちろん、頼長は自分には身に覚えがないことだと否定した。たしかに、陰謀臭さを感じさせる事件である。しかし、呪詛というものは、呪われたと思う側の一方的な判断に依拠しているので、対立関係にあった法皇側にとっては頼長たちの呪詛は「事実」と受けとめられたにちがいない。

気になるのは、この天狗の像がどこに祀られていたのか、ということである。『台記』には、愛宕山のどことは記されていない。ところが、同じ話を収めた『古事談《こじだん》』では、その場所を「清滝四所権現社《きよたきししょごんげんしゃ》」と述べている。清滝とは愛宕山の南東の麓《ふもと》にある集落で、現在では愛宕山参詣《さんけい》道の出発地となっているところである。この清滝から参詣道を登ってほどない四丁目のところに、現在、「火燧《ひうち》権現跡」という小さな碑が建っている。これはもとは三十丁目あたりにあったもので、昔の清滝四所権現社はそのあたりに祀られていたらしい。先学の研究では、ここが愛宕山信仰の発祥の地で、やがて山頂に上社的な役割をする信仰施設が設けられ、それが白雲寺《はくうんじ》という寺院となり、その奥の院として太郎坊社が建設されたらしい。だとすれば、この三十丁目にあった清滝四所権現社に天狗の像が祀られていたことになる。

火伏せ・火災除けの霊験

愛宕山は天狗の棲む山であると同時に、いや天狗が棲みつく以前から、愛宕の神はカグツチ＝火の神であり、火伏《ひぶ》せ・火災除《よ》けに霊験ありと信じられてきた。
では、火の神がなぜこの山に祀られたのだろうか。私は、この山が雷の発生地域であったことと関係しているのではないか、と考えている。京都では、愛宕山付近で発達した雷雲がまたたくまに京都の町をおおい、激しい雷雨となり、しばしば落雷によって火事が発生したという。実際、この山で発生する雷は強烈で、参詣道のところどころに落雷によって引き裂かれたり、あるいは燃え上がった痕跡《こんせき》を残す木立を見ることができる。

山頂の愛宕神社の禰宜《ねぎ》によれば、この山では雷は山頂より下方で発生することが多く、しかもその雷が山を下方から這《は》い登ってくるように山頂付近の杉木立に落雷するのだ、という。おそらく、京都の人びとには、雷を媒介にして、愛宕山は天界・魔界への通路とみなされていたにちがいない。

愛宕山の火と天狗の伝承との関係を物語る話が、『源平盛衰記』に載っている。平

愛宕山の参道。天界・魔界への通路か

愛宕神社への階段

安末期の安元《あんげん》三年（一一七七）四月、樋口富小路《ひぐちとみのこうじ》の民家から出た火事が折りからの風で北西の方角に広がり、大内裏を含む京都の半分を焼失するという大火になった。この大火は愛宕の天狗が引き起こしたという噂が流れたので、「太郎焼亡《じょうもう》」と呼ばれた。占い上手の盲目の陰陽師《おんみようじ》が、愛宕の天狗の仕業と判断したのである。その占いが正しかったことを示すかのように、火は愛宕山の方面に広がっていった。

ところで、愛宕の天狗を太郎坊と言い習わすようになったのはいつごろからだろうか。いま述べたように、安元の大火を「太郎焼亡」と呼んでいることから、このころにはすでにそうした呼び習わしが形成されつつあったことがわかる。また、南北朝の動乱を語った『太平記』にみえる羽黒《はぐろ》山の雲景《うんけい》という山伏の体験談に、愛宕山の太郎坊が出てくる。雲景が天龍寺《てんりゆう》（足利尊氏《あしかがたかうじ》建立の京都五山第一位）見物に出かけたとき、老山伏に出会う。「天龍寺も立派だが、われわれの棲む愛宕山こそ日本に並びない聖地である」と勧められ、その山伏の案内で愛宕山に出かける。愛宕山の仏閣を見学して感心していると、「せっかくここまで来たのだから、愛宕山の秘所もお見せしよう」と、山伏は本堂の後ろの座主の僧坊とおぼしき建物へ案内した。

そこには、歴史に名だたる怨霊《おんりよう》天狗たちが集まって天下騒乱の策謀を練っていた。その末席に連なっていた山伏姿の天狗が「太郎坊」であった。

こうした伝統を受け継ぎ、中世後期になると、愛宕の天狗といえば太郎坊と言い習わされ、それに従って、能の《善界》でも、中国の天狗善界坊を迎え入れる愛宕の天狗を「太郎坊」としたのであった。

さて、愛宕山の聖性の根源は何であろうか。それは雷神や天狗を「この世」に招き入れる「聖なる大杉」であった。三十丁目のあたりには、かつて神聖視されていた巨大な杉がそびえたっていたという。杉は多くの聖地で神聖視されているが、愛宕山でも大杉はきわめて重要な聖樹であった。

江戸時代成立の『白雲寺縁起』によると、愛宕山を開いたのは、役《えん》の行者《ぎょうじゃ》（修験道の開祖）と泰澄《たいちょう》（白山《はくさん》の開祖として知られる）であって、この二人が清滝から愛宕山に入ったところ、枝は天にまで届き、幹は地中深くにまで張った「大杉」があって、そこに太郎坊天狗が率いる天狗の大群が現れ、この山を領有する「大魔王」となって人びとを救うと約束したという。すなわち、この大杉は、天と地を結ぶ杉、宗教学でいうところの「世界樹・宇宙樹」であったのだ。

大江山・千丈ヶ嶽 —— 酒呑童子の棲む山

京都人が作り出した異界・魔界

能の《大江《おおえ》山《やま》》は、中世の中ごろから絵巻などに描かれて広まった酒呑童子《しゅてんどうじ》伝説に題材を得た曲目である。『酒呑童子絵巻』には多くの伝本があるが、最古のものとされているのがお伽草子《とぎぞうし》系の逸翁《いつおう》美術館本『大江山絵詞《えことば》』である。

平安時代中期の一条《いちじょう》天皇の時代、都の若君や姫君が次々に失踪《しっそう》する事件が発生した。陰陽師《おんみょうじ》・安倍晴明《あべのせいめい》の占いによって、大江山に棲《す》む鬼王の一党の仕業と判明し、源頼光《らいこう》と藤原保昌《やすまさ》に追討の勅命が下る。両将は、八幡《やはた》・日吉《ひえ》・熊野《くまの》・住吉《すみよし》の神々に加護を祈り、頼光は配下の四天王（渡辺綱《わたなべのつな》、坂田公時《さかたのきんとき》、碓井貞光《うすいのさだみつ》、卜部季武《うらべのすえたけ》）、保昌は太宰少監《だざいしょうげん》のみという手勢で深山幽谷を分け入り、洞窟《どうくつ》を抜けた先にある「鬼かくしの里」に入る。

そこで最初に出会ったのは、鬼の命令で川辺で洗濯をさせられている女で、この女から鬼王の城の様子をあれこれと聞き出した。さらに登ると、酒呑童子の「鬼が城」に至る。道に迷った山伏であると名乗って案内を乞《こ》うと、喜んで迎え入れ歓迎の宴《うたげ》を催してくれる。童子はまことに知恵深そうに見え、杯を傾けながら、酒をこよなく愛するがゆえに「酒呑童子」と呼ばれていること、昔は「ひらの山」（比良山）を先祖代々の所領としていたが、伝教《でんぎょう》大師（最澄《さいちょう》）という悪僧がやってきて根本中堂《こんぽんちゅうどう》を建てたので追い出されたこと、各地の山を転々とした末にこの山に棲み着いて、王威も神仏の加護も衰え薄れる時が来るのを待っていることなどの身の上話を語る。頼光は神々から貰《もら》った毒酒（神便鬼毒酒）を鬼たちにすすめ、やがて酔った童子が寝所に入ったすきを狙って、甲冑《かっちゅう》に身を固めて押し入り、首を斬り落とす。

斬られた首は、「鬼に横道はないものを！」とだまし討ちされたことへの怒りの言葉を発して、頼光の兜《かぶと》に食らいつく。だが、頼光は家来の渡辺綱と坂田公時の兜をとっさに借りて重ね被《かぶ》っていたので事なきをえる。一行は鬼王の首を持って都に凱旋《がいせん》し、帝《みかど》をはじめ摂政・関白などがご覧になったあと、その首は宇治平等院《うじびょうどういん》の宝蔵に納められた。

さて、酒呑童子が隠れ棲んでいたという丹後《たんご》と丹波《たんば》の国境にある大江山とは、京都府大江町（現在は福知山《ふくちやま》市）と与謝野《よさの》町などにまたがる大江山（千丈《せんじょう》ヶ嶽《たけ》、八三三メートル）のことである。今では大江山といえば、まっさきに酒呑童子伝説を思い起こすほど有名である。それでは、なぜ大江山が鬼伝説の山になったのだろうか。鬼伝説を引き寄せることになるような素材が、地元に伝えられていたのだろうか。それとも、

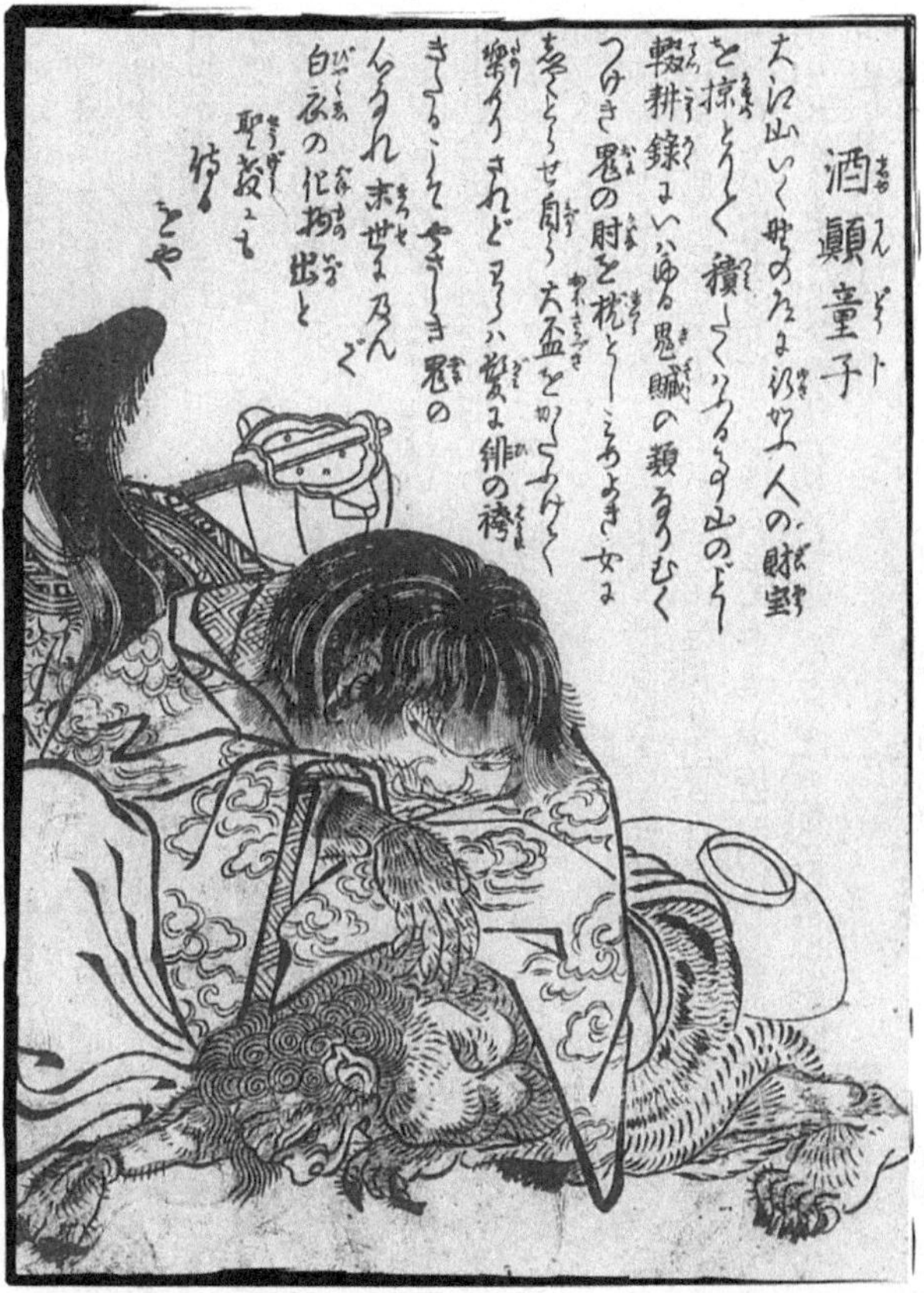

「酒顛童子」（鳥山石燕『今昔画図続百鬼』東北大学附属図書館蔵）

この伝説だけでそうなったのだろうか。

　意外なことに、この山の山中や山麓《さんろく》の里には、古くからの酒呑童子伝説ゆかりの場所は少ない。たしかに、八合目に、酒呑童子の霊を祀《まつ》ったともいわれる「鬼嶽稲荷《おにたけいなり》神社」があり、また山頂近くには、崩れて穴がほとんど埋没してしまっている、鬼たちが隠れ棲んだという「洞窟跡」もある。さらに、山麓には、酒呑童子伝説を描いた屏《びょう》風《ぶ》や刷り物を伝え持っている家もある。旧大江町内には酒呑童子ゆかりを称する場所もいろいろある。

　しかし、注意しなければいけないのは、これらは、都で有名になった大江山の酒呑童子退治伝説を知った地元の人びとが、後世になってその伝説にこじつけた結果もたらされたものであり、なかには最近の町おこしの際に新たに作り出された「ゆかりの地」さえあるのだ。

　強調しておきたいのは、大江山・酒呑童子伝説は、なによりもまず、京都の王権を支持する側に属する人びとの頭の中に作り出された「異界」「魔界」観念から生み出されたものであった、ということである。安倍晴明は、都の西北はるか彼方《かなた》の大江山山中奥深くに、鬼の一団が棲みつき、ときどき都に出没しては人をさらっていくのだ、と占い判じた。

　都の西北といえば、京のすぐ近くの愛宕山がその方角にそびえており、ここは前項で述べたように、天狗《てんぐ》の巣窟《そうくつ》であるとともに、天界や地下世界への入り口にあたっているとみなされてきた。その遥か遠方に位置する大江山が、同様にして、鬼や天狗の住処《すみか》とみなされていたとしても不思議ではない。

たしかに、大江山の周辺では、「酒呑童子」伝説にまつわる古くからの伝承は少ない。しかし、髙橋昌明《たかはしまさあき》氏など先学の研究によれば、この地方を「鬼」の棲む地域とみなす伝承が古くからあった。そうした伝承をふまえて酒呑童子伝説が生み出されたという。

『古事記』崇神《すじん》天皇の条に、日子坐王《ひこいますおう》を丹波に派遣して、玖賀耳之御笠《くがみみのみかさ》を誅殺《ちゅうさつ》した、という話が記されている。また、『丹後風土記残欠』の川守《かわもり》郷の項にも、崇神天皇の時、青葉《あおば》山（福井県と京都府にまたがる別名、若狭富士《わかさふじ》）の山中に陸耳御笠《くがみみのみかさ》・匹女《ひきめ》を首領とする「土蜘蛛《つちぐも》」（天皇の支配に入ろうとしない勢力を賤視《せんし》した呼称）がおり、人民を苦しめていたので、日子坐王が勅命を受けて討伐のためにやってきて、まず匹女を殺した。御笠の軍勢は由良《ゆら》川を下流に向かって敗走した末に、与謝《よさ》の大山《おおやま》（現在の大江山）に逃げ込んだ、とある。

考古学や歴史学では、このあたりは古代丹後王権ともいうべき独立した政治勢力が存在していたが、それがやがて大和政権に屈服していった、と考えられている。したがって、この陸耳御笠・匹女はそうした抵抗勢力の首長のことであり、さらにいえば、

「土蜘蛛」は「鬼」と置き換えることができる存在であった。

もう一つの「鬼」退治伝説

さらに、あまり知られていないが、この地方には古代まで遡《さかのぼ》ることができるとされるもう一つの「鬼」退治伝説が伝わっていた。用明《ようめい》天皇の第三皇子で、聖徳太子《しょうとくたいし》の異母弟にあたる麿子《まろこ》親王の鬼退治伝説である。これは親王が勅命を受けて、丹後の「三《み》上《うえ》ヶ嶽」（千丈ヶ嶽の近くの峰）に棲む三匹の鬼を首領とする鬼の集団を、薬師如来《やくしにょらい》の援助を受けて退治するという話で、親王は、鬼退治後に、薬師如来の援助に感謝するため、薬師如来を本尊とする立派な寺院を地元に建立した。

たとえば、旧大江町の清園《せいおん》寺もその一つで、この鬼退治伝説が『清園寺古縁起』としてこの寺に伝えられている。麿子親王伝説は日子坐王伝説を翻案した物語であると考えられており、この麿子親王伝説をさらに翻案したのが酒呑童子伝説であったらしい。少なくとも、こうした先行する鬼伝説があったからこそ、大江山を鬼の棲む山にしてもそれほど抵抗なく受け入れられたのであろう。いまではすっかり忘れられてしまった感が強いが、当時はこの麿子親王鬼退治伝説もかなり広く知られていたらしく、廃曲になった能の《丸子《まろこ》》（観世《かんぜ》弥次《やじ》郎長俊《ろうながとし》作の《三上が嶽》）は、この鬼退治伝説に取材した作品であったことからも、それをうかがうことができる。

ところで、やはり中世後期に作られたお伽草子系の物語に『子易物語《こやす》』という作品がある。ほとんど知られていない作品だが、これも大江山の鬼退治の物語である。丹波国大江の坂（老《おい》ノ坂）に棲む佐伯という長者は子宝に恵まれず、豊受明神《とようけみようじん》に申し子したところ、背中がくっついている男女の双子（結合性双生児）を授かる。周囲の人は「このような者は捨てるべきだ」と忠告したが、長者夫婦は神のお告げを信じて大事に育てる。都に天変地異が生じたとき、天文の博士が「第六天の魔王（他化自在天《たけじざいてん》。多くの配下を率い、仏道の妨げをする）が日本を滅ぼすために、二面八足の人間に化身して現れた」との占いを帝に奏聞し、佐伯の長者の子どもが捜し出されて処刑されることになった。

そのとき、神が現れ、人違いだと告げる。そこで、調べてみると、ある女が「二面八足」の双子を産み、大江山の山中に捨てたところ、自力で育って鬼神になっていることが判明した。これを知った帝は、篠別舟人《ささわけのふなんど》という者を大将にした大軍を大江山の奥にある鬼の棲む洞窟に派遣し、激しい戦闘の末に退治した。

この物語の大江山は、佐伯の長者が丹波と山城《やましろ》の国境である大江の坂（老ノ坂）の長者になっていることから、その辺りの山中を指すとも理解できる。しかし、長者が申し子の祈願をした「豊受明神」とは、現在の大江町に鎮座する「豊受《とゆけ》大神社・皇大《こうたい》神社」（元伊勢《もといせ》神社）と思われるし、鬼の住処を大江山の奥深くにあると描写しているので、やはり丹波・丹後の境の大江山と考えるのが妥当であろう。

このように、大江山は、古代から連綿と続く伝統として大和や京都の王権から「鬼の棲む山」としてイメージされてきたのであった。もちろん、大江山にも修験・山伏が修行のために入ったことだろう。その形跡もある。また鉱山も開発されていた。そうした山を修行の場や生業《なりわい》の場とする人びとを「鬼」とみなすこともあったにちがいない。しかし、そうであったにしても、大江山はやはり、古代からのこの地域の政治的な動きに端を発した「まつろわぬ者たち」の国というイメージがあったからこそ、山中の奥深くに、強大な鬼の王国のイメージをはぐくむようになったとみなすべきだろう。

葛城山 ―― 土蜘蛛伝説と修験道の聖地

土蜘蛛が棲む古塚

能の《土蜘蛛》は、前項の《大江山》と同様、いわゆる源頼光一党の妖怪《ようかい》退治譚《たん》に素材を求めた作品である。《大江山》では酒呑童子という鬼退治譚であったが、《土蜘蛛》では作品名が示すように、京都の王権を脅かす蜘蛛《くも》の妖怪退治譚である。典拠は、『平家物語』や『太平記』などに付載の「剣の巻」に収められている、一連の源氏重代の宝刀伝説のエピソードの一つである。まず、あらすじを紹介しよう。

源頼光が原因不明の病のために床に伏す。加持祈禱《かじきとう》を頼んだがいっこうに治らず、病はますます重くなって一カ月ほど経ったある日のことである。夜も更け、看病していた頼光配下の四天王が休み所に戻ったとき、灯火《ともしび》の影から身の丈七尺ほどの大柄な法師姿の者がするすると現れ出て、手にした索《さく》（糸）を、床に伏している頼光に投げかけた。驚いた頼光は、枕元の源氏重代の宝刀「膝丸《ひざまる》」を取って斬りつけた。手応え《てごたえ》はあったが、法師の姿はその場から忽然《こつぜん》と消えてしまった。

葛城山は修験道の聖地でもあった

物音を聞いて駆けつけた四天王が調べたところ、灯火のあたりから血こぼれが屋敷の外に続いていた。それを辿《たど》っていくと北野《きたの》の大きな塚に至った。それを塚を崩してみると、大きな山蜘蛛が出てきたので縛り上げた。頼光の病はこの蜘蛛の精によって引き起こされたのであった。そこで、この蜘蛛を串刺《くしざ》しにして河原にさらすことにした。以後、「膝丸」は「蜘蛛切《くもきり》」と改名された。

能のあらすじもおおむねこれと同じである。「剣の巻」と能の内容を比較して気づく大きな違いの一つは、土蜘蛛の棲《す》む塚に至った後、能では、正体を現した蜘蛛の妖怪と独武者《ひとりむしゃ》の激しい決闘が描かれていることにある。これは、やはり「剣の巻」を素材にして作り出された絵巻『土蜘蛛草紙』の影響を受けたためと考えられている。

というのは、この絵巻では、空を飛ぶ髑髏《どくろ》に導かれて廃屋に足を踏み入れた頼光の前に、次々と妖怪のたぐいが現れ出てきて頼光の退去を促す。頼光がこれにいっこう動じる気配をみせないでいると、やがて変化《へんげ》の者と思われる美しい姫が現れ、急に巨大な姿になって頼光に襲いかかってきたので、これを斬り払った。その血痕《けっこん》を辿っていくと、「西の山」の古い洞穴に至る、という展開を語ったうえで、洞穴のなかに棲む土蜘蛛の精と頼光や配下の渡辺綱との戦いが繰り広げられるからである。

ところで、能では妖怪・土蜘蛛の住処《すみか》である古塚の場所は、はっきりとは語られていない。しかし、「剣の巻」や『土蜘蛛草紙』では、北野の古い塚とか西の山のどこかの洞穴と語られているので、京都の町はずれ、つまり異界との境界域を想定したものと思われる。実際、故事来歴をもつ場所が京都の名所になっていった近世では、この伝説の土蜘蛛の塚は、上京区《かみぎょう》一条七本松《しちほんまつ》通の畑のなかにあった「蜘蛛塚」(別名、山伏塚)と、北野近くの船岡山《ふなおか》の南西にあった「蜘蛛塚」(頼光塚)の二カ所が想定されていた。

いずれの塚も近代に入って壊されてしまって、そのしるしが前者は天満宮《てんまんぐう》に隣接する東向観音寺《ひがしむきかんのんじ》(上京区御前通《おんまえ》)境内に、後者は上品蓮台寺《じょうぼんれんだい》(北区《きた》紫野十二坊《むらさきのじゅうにぼう》町)境内に移されて残っているにすぎない。

なるほど、京都の人びとの脳裏に想起された蜘蛛塚は、そうした塚であって当然かもしれない。しかしながら、「剣の巻」などを参考にして能の《土蜘蛛》を制作した者の脳裏にあった「土蜘蛛の住処」もしくは「蜘蛛塚」が、はたして北野や西の山あたりだけであったかどうかは、大いに疑念が残る。

というのは、《土蜘蛛》では、正体を現した土蜘蛛の妖怪が、「汝《なんじ》知らずや、われ昔、葛城《かつらぎ》山に年を経し、土蜘蛛の精魂なり」と名乗っているからである。葛城山は奈良県の西部、大阪府と和歌山県の県境域をなす山地の主峰で、古代から幾多の伝承を持ち伝えてきた山である。

そもそも葛城山は土蜘蛛と縁が深い。なにしろ「葛城」という地名それ自体が、土蜘蛛と関係している。『日本書紀』神武《じんむ》天皇即位前紀に、次のように記されている。

「高尾張邑《たかをはりのむら》に、土蜘蛛有り。其の為人《ひととなり》、身《むくろ》短くして手足長し。侏儒《ひきひと》と相類《あひに》たり。皇軍《みいくさ》、葛の網を結《す》きて、掩襲《おそ》ひて殺しつ。因《よ》りて改めて其の邑を号《なづ》けて葛城と曰《い》ふ」

すなわち、神武天皇軍が抵抗する先住勢力を制圧しながら熊野・吉野《よしの》を経て、大和盆地に入り、その最大勢力であった長髄彦《ながすねひこ》を殺した後に、このあたりの抵抗勢力を次々に制圧したのであるが、そのような抵抗勢力が「土蜘蛛」と総称され、そのなか

土蜘蛛（鳥山石燕『今昔画図続百鬼』東北大学附属図書館蔵）

に現在の葛城山東麓《とうろく》あたりを拠点としていた先住勢力もいた。右の記述は、そのことを物語っているのである。そして神武天皇二年の条によれば、土蜘蛛討伐後の葛城の地は、剣根《つるぎね》（葛木土神剣根命）という者を葛城国造《くにのみやつこ》として治めさせることにし、その子孫が葛野主殿県主《かずののとのもりのあがたぬし》であるという。

能《土蜘蛛》の作者の脳裏に、こうした遠い古代はるか彼方《かなた》において、神武天皇軍すなわち後の天皇を中心とする勢力に「土蜘蛛」と賤称《せんしょう》されて制圧された人びとの記憶が呼び起こされて、「葛城山に年を経し、土蜘蛛の精魂なり」と言わせたのかもしれない。

もちろん、『日本書紀』の記述が、そのまま史実を反映しているとはいえない。しかし、古代史家の説くところによれば、統一国家の成立以前には、大和盆地には二つの「小国」（首長国）が存在していた。すなわち、盆地の北東地域を占めていた、やがて神武神話を語り出す「倭国《わこく》」（のちの大和政権）と、その地域から「異界」とみなされがちであった、南西地域を占めていた「葛城国」である。

葛城国は隣国の倭国とは婚姻を媒介にして同盟関係を構築することで国としての安泰をはかっていた。しかし、やがて力をつけた倭国（大王国）に従属していくようになった。

もちろん、婚姻を媒介にした同盟であるから、葛城国の首長の系譜を引く大王も何

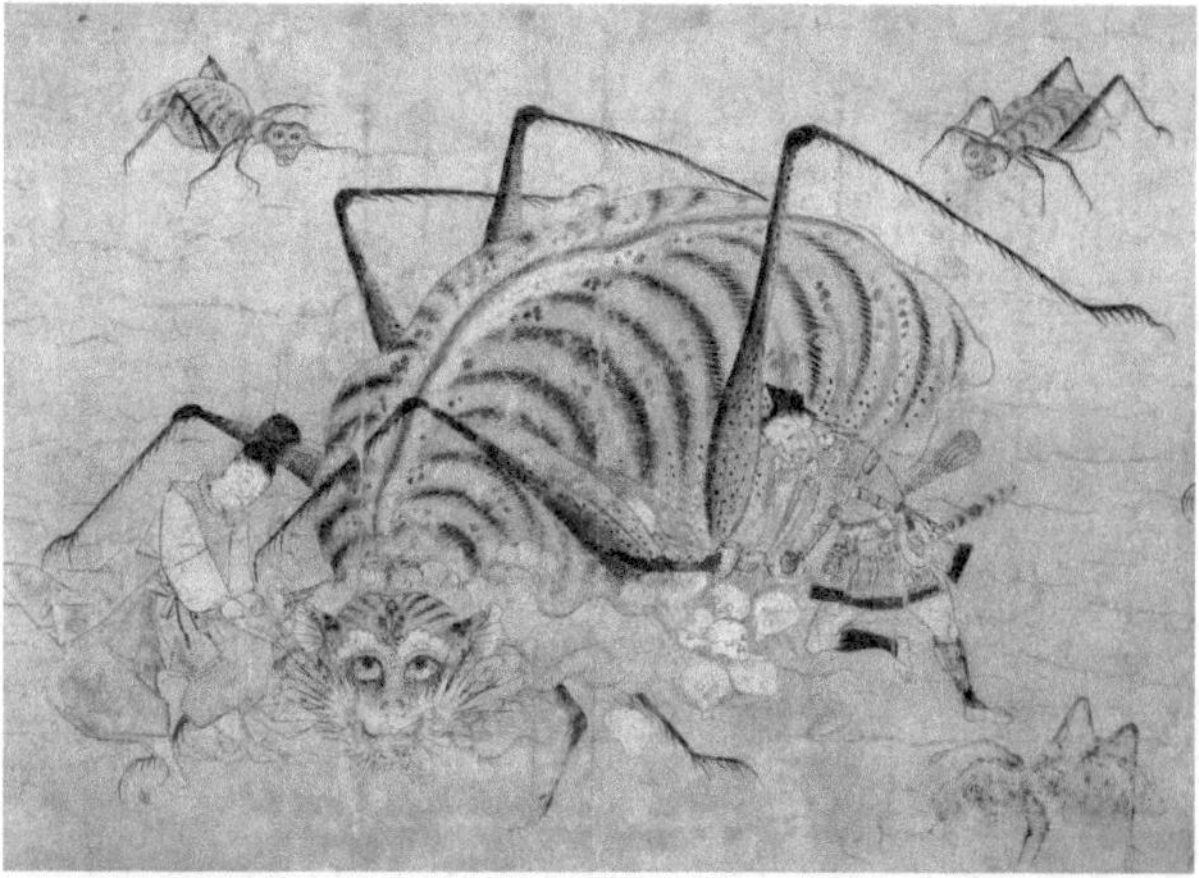

「土蜘蛛草紙絵巻」東京国立博物館蔵、部分　ColBase(https://colbase.nich.go.jp/)

葛城一言主神社の境内には3つの蜘蛛塚がある

人かは生まれた。だが、葛城国の首長が大王になったわけではない。葛城の首長の一族はむしろ没落の一途を辿り、葛城の地の小豪族であったと思われる蘇我《そが》氏が勢力を伸ばし、大王国のもとでも重要な地位を占めることになってゆく。余談になるが、その隆盛を極めた蘇我氏も、六四五年、クーデター（乙巳《いつし》の変）で葛城皇子《かずらきのおうじ》（中大兄皇子《なかのおおえのおうじ》。のちの天智《てんじ》天皇）によって滅亡に追いやられるのだから、歴史というのは皮肉なものである。

神武天皇即位前紀の「土蜘蛛」が、葛城国の首長勢力を反映した記述であるのか、それともそれ以前の政治勢力のことなのか――私にはにわかに判断はできないが、葛城地方の人びとのあいだには、根強い敗者意識の伝統が形成されていたらしいことはさまざまな伝承から伝わってくる。

たとえば、こうした倭国と葛城国との微妙な政治的関係を反映したものとして理解されているのが『日本書紀』雄略《ゆうりやく》天皇紀の記述である。大略、以下のように記されている。

雄略天皇が葛城山に登ったとき、天皇の一行と同じような装束をつけた一団に出会った。天皇らが怒って弓に矢をつがえたとき、「私は葛城の一言主《ひとことぬし》だ。善事も悪事も一言で判断する」と応《こた》えたので、天皇はたちまち恐れ入ったという。一言主神とは、葛城山の地主神（＝山の神）的な神であって、現在も葛城一言主神社（奈良県御所《ごせ》市森《もり》脇《わき》。「いちごんさん」とも呼ばれる）に祀《まつ》られている。

つまり、天皇も葛城の地に足を踏み入れたならば、平伏しなければならないような状態の時代があったことの痕跡《こんせき》が、ここに示されているわけである。もっとも、逆にいえば、それ以後は、葛城の首長に祀られる神から天皇に祀られる神、すなわち天皇に制圧された神に変化したということにもなる。

これを如実に反映したものとして興味深いのが、『本朝神仙伝』などにみえる「役《えん》の優婆塞《うばそく》による一言主神の呪縛《じゅばく》」を語る伝説である。役の優婆塞とは役小角《えんのおづぬ》あるいは役の行者とも称され、山岳修行の徒たちが組織した修験道において、その開祖とされた人物である。

それによれば、役の行者が吉野と葛城山の間に橋を架けようとして、鬼神たちを使役した。その鬼神の一人であった一言主神が役の行者を恨んで、役の行者には謀反の心あり、と天皇に訴えた。これに怒った行者が、一言主神を呪縛して、谷底に置き去りにした。このため、呪縛から逃れたい一言主神の唸《うな》り叫ぶ声がいまだ絶えないという。

こうした伝承を知ると、前述の「土蜘蛛の精魂」は、この呪縛された一言主神の精魂とも通じるかとも思われてくる。もともとは地元の人びとが祀る神であった一言主神が新来の勢力の支配下に入り、さらには修験道における鬼神にまで落とされてしまっているからである。

ところで、あまり知られていないが、興味深いことに、現在の葛城一言主神社境内には、三つの「蜘蛛塚」がある。これは神武天皇が土蜘蛛を退治したとき、胴と頭と足の三つに切り分け別々に埋めた所だとされている。また、本殿には、一言主神が退治したという伝説をもった「蜘蛛の牙《きば》」と称する物も収められているという。葛城地方には、この種の伝承をもった「蜘蛛塚」を他にも見出《みいだ》すことができる。

能《土蜘蛛》の作者は、おそらくこうした葛城の土蜘蛛伝承や一言主神伝承に通暁した、敗者に心を寄せる者だったのではないだろうか。その脳裏に、葛城山の「蜘蛛塚」もよぎったのではなかろうか。だからこそ、「葛城山の古い土蜘蛛の精魂」と語らせたのではなかろうか。葛城山は、役の行者ゆかりの修験道の聖地というだけではなく、幾重にも重層した伝承をもった異界であった。

貴船 ―― 心の闇を引き受ける場所

心の「闇」に鬼が棲みつく

能の《鉄輪《かなわ》》は、京都北山の山中、鴨《かも》川の支流の鞍馬川の、さらにその支流である貴船《きぶね》川沿いにある貴船神社に、憎む男を呪い殺したいと願いを抱いて参詣《さんけい》する女の話である。

下京《しもぎょう》の女が、夫が自分を捨てて新しい妻を迎えたのを恨み、貴船の社に丑《うし》の刻詣《ときまい》りをする。社人の夢に神が現れ、こう託宣する。

「当社に丑の刻詣りする女がいるが、その女の願いを叶《かな》えてやる。頭に鉄輪を戴《いただ》き、その足に松明《たいまつ》を灯《とも》し、顔に丹《に》(朱の顔料)を塗り、身には赤い衣を着て、憎悪の心を抱け、と告げよ」

このお告げを聞いた女は、さっそく家に戻って神のお告げの通りにしようと思うやいなや、早くもその美しい姿が鬼に変わり、髪も逆立ち、あたりには黒雲が立ち現れて雨が降り出し、雷も鳴り出した。

いっぽう、その夫は毎晩悪夢に悩まされていた。陰陽師《おんみようじ》の安倍晴明に占ってもらったところ、女の深い恨みで今夜のうちにも命が危ない。もはや単なる調伏法《ちようぶく》では助からないので、「命を転じ変える法」（おそらくこの法は呪詛《じゆそ》返しの法で、夫と妻の運命を逆転させるということを指していると思われる）を行ってみよう、ということになった。

安倍晴明は、茅《かや》の人形《ひとがた》を夫婦と同じ大きさに作り、それに夫婦の名前を書き、三階の棚を作り、五色の幣《へい》を立て、さまざまな供物を調《ととの》えて、懸命に祈った。すると、不思議なことに、祭壇の幣がざわめきだし、身の毛のよだつ恐ろしい光景となった。

そんな情景のなか、女の生き霊（鬼）が出現してくる。女は、自分が男に捨てられたことの恨みを切々と語り、その恨みを晴らしに来たのだと、男を手にかけようとする。しかし、晴明が祈り招いた三十番神《さんじゆうばんじん》（一カ月三十日間、交替で国家人民を守護するとされる三十の神）に追い立てられて、その場から消えてゆく。

この話で興味深いのは、貴船の神が呪いを引き受けてくれることで有名であったことである。もともと貴船の神は、貴船から鞍馬あたりの山域を守護する地主神的な神であった。たとえば、鞍馬の鞍馬寺草創伝承によれば、平安時代の初期、造東寺長官だった藤原伊勢人が、霊夢のなかで老翁姿の貴船明神によって鞍馬に赴くことを指示され、伽藍《がらん》を造営したのが鞍馬寺の始まりだとされている。貴船社が古くからの神社であったことをうかがわせる話である。

丑時詣（鳥山石燕『今昔画図続百鬼』東北大学附属図書館蔵）

おそらく林業や狩猟などにたずさわる人びとにとっては「山の神」であり、その水系下流に住む人びとにとっては「水神」としての性格を強く持っていたのだろう。現在の祭神のタカオカミも、古代では水神を基調とする神であった。実際、朝廷側の記録には、祈雨・止雨、つまり雨乞《ご》い・日乞いの神として、その名が平安時代初期に登場してくる。

ところが、平安時代の中ごろから、どういう契機でそうなったのかは定かでないが、呪いを引き受けてくれることで霊験あらたかなことが知られるようになっていった。

当時、人びとは病気になると「物の怪《け》」の仕業ではないかと疑い、陰陽師や僧を招いて占い、加持祈禱《かじきとう》をしきりに行い、病人に乗り移っている物の怪を除こうとした。さらにその正体を明らかにするために、物の怪を「よりまし（霊媒）」に引き移して、物の怪自身になぜ憑《つ》いたのか、どこからやってきたのか、などといったことを語らせるという装置まで用意していた。そんな場面に、貴船の神が登場してきていたのである。

藤原道長《みちなが》とその一族の隆盛ぶりを描いた『栄華物語』には、貴船明神の登場する場面が数カ所ある。たとえば、巻十二にみえる、道長の息子・頼通《よりみち》がインフルエンザらしき病気にかかったときの様子は、次のようなものであった。

陰陽師の安倍吉平《よしひら》や賀茂光栄《みつよし》を招いて占いや祭りをさせ、明尊《みょうそん》・心誉《しんよ》・叡効《えいこう》など験

木の根道。足元には無数の根が露出している

力にすぐれた高僧に加持祈禱をさせても、物の怪はなかなか現れない。だが、やがて正体を現す。いったいいかなる死霊のたぐいが憑いていたのかと、窺《うかが》い待っていると、現れた物の怪の正体は、貴船明神であった。

このとき、周囲にいた者たちは頼通の浮気を疑い、ついでそれを否定して、そのようなこともないのになぜ貴船明神が祟《たた》ったのか、と不思議に思う。ということは、貴船明神は、恋愛関係のもつれから生じた恨みを引き受け、その恨みを晴らすために、神自身が「物の怪」となって人に取り憑くと考えられていたわけである。

では、浮気もしていない頼通に、どうして貴船明神は祟ったのだろうか。その理由は、明神の次のようなお告げから明らかになる。

当時、頼通には、道長を通じて女二の宮（第二皇女）降嫁の話が出ていた。これを聞いた北の方（正妻）隆姫《たかひめ》の乳母たちが心配した。そして隆姫の辛《つら》い気持ちを思い、さらには降嫁の阻止を願って、貴船明神に詣ったのだ。これを聞いた明神は、哀れに思って頼通に祟っていたのだ。

つまり、夫に新しい女ができたときに、妻が抱くであろう辛さや悲しみ、さらには嫉妬《しっと》の念に同情する神として貴船明神は信じられていたのである。そして、こうした心の闇に棲《す》む鬼たちに感応する貴船の明神を直截《ちょくせつ》に描き出しているのが、能の《鉄輪》であると言えるだろう。

貴船の神が人びとの心の「闇」に関わる信仰を引き受けることになった背景には、平安京遷都以前から、大和から山城の鴨川水系地域に進出してきていた鴨氏の祀《まつ》る神社の影響を受け、次第に貴船社がその摂社（本社に次ぐ格の社）のような扱いを受けるようになっていった、という歴史的な事情も関係しているのかもしれない。

現代も生き続ける丑の刻詣り

ところで、《鉄輪》のもとになっているのは、屋代《やしろ》本『平家物語』付載の「剣の巻」にみえる伝承である。まえに述べたように、この「剣の巻」は、源氏重代の宝刀伝説集成で、そこにみえる話はこうだ。

嵯峨《さが》天皇のとき、さる貴族の姫が、あまりに嫉妬深く、新しい女をつくった夫を恨んで、貴船に参詣して「私を生きながらにして鬼にして欲しい」と必死に祈った。すると、これを不憫《ふびん》と思った貴船明神が社人の夢に示現《じげん》し、「鬼になりたければ、姿を改めて、宇治川の水に三週間浸《つ》かれ」と教える。そこで、言われたとおりに、長い髪を五つに分けて角《つの》に擬し、顔には朱を注《さ》し、身には丹を塗り、頭には鉄輪を戴いてその足には松明を据え、また口には両端に火を灯した松明をくわえる、といったすさまじい姿で宇治を目指して走り去り、やがて鬼となって、男の親類縁者から道行く者まで命を奪った、という。

また、こうした伝承や能の《鉄輪》の影響を受けて作られたと思われるお伽草子《とぎぞうし》の『鉄輪』には、安倍晴明に追い払われた鬼女が、「宇治の橋姫」として祀られることになる、次のような話が載っている。

夫の命を取ることは晴明のためにできなかった鬼女は、都に夜な夜な現れ出ては人を取っていた。その噂を聞いた帝《みかど》が、源頼光を召して退治を命じる。そこで頼光の家来の坂田公時と渡辺綱が鬼女退治に乗り出す。公時と綱に遭遇した鬼女は、その武威に恐れをなしてすぐさま降参し、「今から後は災いをなさないから、私をどうか弔って欲しい」と頼み、宇治川の水の中に飛び込んだ。

これを聞いた帝は、百人の僧に供養のための法華経を誦《よ》ませた。ところが、鬼女はこれに満足せず、帝の夢に現れて、宇治川の畔《ほとり》に社を建てて欲しい、と頼んだ。そこで、勅命を受けた晴明が鬼女の霊を「宇治の橋姫」と名づけて社に祀り上げた。現在、宇治橋西詰めにある橋姫神社に祀られている宇治の橋姫は、緋《ひ》の袴《はかま》を着けた形の鬼女で、右手に蛇、左手に釣竿《つりざお》を携えているという。

『栄華物語』の時代の貴船の神と、その後の《鉄輪》などにみえるような中世的な貴船の神との大きな違いはどこにあるのだろうか。それは、前者では神自身が祟るべき人のもとに現れているのに対して、後者では祈願者自身が祟ることができる方法を教えていることにある。

橋姫の丑の刻詣り（鳥山石燕『今昔画図続百鬼』東北大学附属図書館蔵）

すなわち、貴船明神は呪いの祈願者自身を鬼にする方法を編み出したのである。鬼になることで、祈願者自ら敵のもとに出かけることができるようになったのである。お伽草子『貴船の本地』に描かれているように、中世になると、貴船山や鞍馬山の奥には「鬼の国」があるといった伝承が語り出されていた。こうした伝承も鉄輪伝承の成立と無縁ではないのではなかろうか。

もちろん、ここに描かれているような鬼になる方法は、物語上のことであって、貴船に詣れば、実際に祈願者の姿形が鬼に変わるわけではなかったはずである。しかし、呪いの祈願者は、橋姫のようないでたちで丑の刻詣りをすれば、橋姫のように鬼になって憎い相手に見立てた人形《ひとがた》に釘《くぎ》を打ち込めば、その執心が相手のところに飛んでいって取り憑き、人形と同じような災厄を与えることができる、と想像するようになったのであった。そこから、近世から現代にまで生き続けた丑の刻詣りの習俗が生み出されたのである。

貴船神社は、水神系の神を基調にし、縁結びの神としても知られつつ、京都の人びとの心の「闇」を引き受けるという特異な信仰の拠点として、日本人の精神史のなかでも忘れるわけにはいかない聖地なのである。

河原院 ── 化け物屋敷に棲む吸血鬼

「化け物屋敷」の正体

能の《融《とおる》》は、平安時代初期の嵯峨天皇の皇子で、源氏の姓を賜って臣下となった源《みなもとのとおる》融の旧宅、すなわち「河原院《かわらいん》」が舞台になっている。

作られた当時の河原院は、鴨川の西、五条から六条《ろくじょう》にかけての八町を占めるという広大な敷地の邸宅であったらしい。《融》のあらすじは、次の通りである。

東国の僧が、河原院で休憩する。するとそこに田子《たご》（水を入れて担う桶《おけ》）をかついだ老翁がやってきて「自分はこの所の汐汲《しおく》みだ」と言う。僧が「このようなところに汐汲みがいるはずがない」と疑うと、老翁は「ここは融の大臣が塩釜《しおがま》に模した庭をもつ邸宅なので、汐汲みがいるのは当然ではないか」と答える。不思議に思った僧が一夜を明かすと、夢に融が出てきて、舞を舞って去っていく、という話である。

この河原院は、私たち異界に興味を持っている者たちにとっては、「化け物屋敷」とほとんど同義語である。河原院というと思い出すことがある。もうかれこれ二十年も昔のことになるだろうか、ある学会の懇親会が東本願寺《ひがしほんがん》（京都市下京区烏丸《からすま》通七条上る）の渉成園《しょうせいえん》（枳殻邸《きこくてい》）を借りて行われた。スピーチを求められたある高名な研究者が、この庭園が源融の邸宅・庭園の遺蹟《いせき》であると説明し、「もし今晩ここに泊まったら、河原院の幽霊の訪問を受けるかもしれないですなあ」と付け加えて、参加者の笑いを誘った。

妖怪《ようかい》・幽霊伝承にはことのほか興味を抱いていたので、河原院源融の幽霊の話はすぐに思い至ったが、渉成園が河原院の遺蹟であるということは初耳であった。融の邸宅がそのまま残っているわけでもないのに、ここが融の邸宅跡と思ったとき、私は宴会場のふすまの陰に、衣冠束帯姿の融が静かに着座して控えているような気分に襲われ、背筋が寒くなったのであった。

融の幽霊がその旧宅に出たという話は、いくつかの説話集に載っている。たとえば、『今昔物語集』の話は、次のようなものである。

今は昔、河原院は融の左大臣が作って住まわれた家である。庭園は陸奥《むつ》の国の塩釜の景色を模して作り、池には海水を汲み入れてたたえた。このように素晴らしい風流な邸宅であったが、大臣が亡くなった後は、子孫にあたる方が宇多《うだ》院（史上初の法皇）に献上したので、宇多院がお住まいになっていた。その当時、醍醐《だいご》天皇（宇多院の第一皇子）がたびたびそこに行幸され、まことにめでたいことであった。

源融の旧宅・河原院。風流な邸宅であったという

さて、宇多院がおられた時の夜半のことである。西の対屋《たいのや》の塗籠《ぬりごめ》（寝室もしくは納戸用の部屋）の戸を開けて誰かが衣擦《きぬず》れの音をさせながらやってくる気配がした。院がそちらの方に目をやると、きちんとした束帯姿の人がかしこまっていた。院が「そこにいるのは誰か」と尋ねると、「この家の主の翁でございます」という答えが返ってきた。

「融の大臣か」

「さようでございます」

「どのような用か」

「私の家ですので、ここに住んでおりますが、院がこのようにおいでになりますので、恐れ多く気詰まりに思います。いかがなものでしょうか」

「それはまことにおかしなことを申す。私は人の家を奪い取った覚えはないぞ。お前の子孫がこの家を献上したから住んでいるのだ。たとえものの霊ではあっても理不尽なことは申すな」

このようなやりとりの末に、院が一喝すると、霊の姿はかき消すように見えなくなり、以後、二度と現れなかった。この話を聞いた当時の人びとは、旧主の大臣の亡霊を恐れることなく説き伏せ、退散させた院の剛胆さを賞賛したという。

この話からうかがわれるように、融は贅《ぜい》を尽くして作った河原院を、たいへん気に入っていたようである。『顕註密勘』という『古今和歌集』の注釈書にも、「陸奥の塩釜の浦の景観をうつして塩屋を設け、塩を焼かせ、その煙が立ち上り、また池を掘って毎月海水を三十石も運び入れ、そこには海の魚貝も棲《す》まわせた」とある。この海水は難波《なにわ》から運んだという。

『伊勢物語』にも、融が神無月《かんなづき》（陰暦十月）の晦日《みそか》の頃、菊の花が咲き誇り、紅葉が千草に見える頃合いの邸宅で、夜が明けるまで宴《うたげ》を開いた様子が描かれている。これを読めばその豪華さが偲《しの》ばれ、融が気に入るのも当然であった。

しかしながら、邸宅が豪華であればあるほど、主人がそれを愛すれば愛するほど、主人亡き後にその邸宅が荒れ果てたときは、物寂しいものである。実際、融が亡くなった後、融の子孫にはこの邸宅を維持することができなかったらしく、宇多院に献上し、さらにその子である醍醐天皇が伝領し、その後は融の三男の仁康《にんこう》上人が預かる寺になったが、やがて荒れるに任せられたらしい。

たとえば、『古今和歌集』のなかに、紀貫之《きのつらゆき》がこの河原院の旧宅を訪ねて、素晴らしい邸宅も融がいなくなって荒れ果ててしまった様子を、次のように詠《よ》んでいる。

「君まさで煙絶えにし塩がまの　うらさびしくも見えわたるかな」

能の《融》は、このあたりのことをふまえて作られた作品なのである。

融は寛平《かんぴょう》七年（八九五）、七十三歳で亡くなった。この年齢は今日でさえも長生きした部類にはいる。つまり天寿を全うしたのだ。人生半ばにして病気や殺害によって亡くなったわけではないのだから、怨念が残ってこの世に融の亡霊がさまよい出る理由はなかった。

では、どうして幽霊になって出没したのだろうか。その理由は、深く深く過剰なまでにこの邸宅を愛していたことにあるのだろう。邸宅への執着が融の霊魂をこの旧宅に留《とど》まらせることになったのである。そしてその融の亡霊が、人の前に出てきては「この家は自分の家である。あなたは出て行って欲しい」と告げたのであった。おそらく、宇多院がこの邸宅に移り住んだころから、誰が言い出したわけでもなく、融のこの邸宅への執着ぶりを知る者たちのあいだで、この家には融の幽霊が出る、という噂が流れて語り伝えられていたのであろう。そんな噂話の一つが、前述の『今昔物語集』に収められた話であったのではなかろうか。

物の怪が出現するのにふさわしい場所

同じ噂話の異話と思われる話が、平安時代中期以降に題材をとった説話集、『江談抄』にも載っている。それは『今昔物語集』の話よりもはるかに怪奇でグロテスクである。

あるとき、宇多院が夫人を伴って河原院に宿泊された。すると、塗籠の戸が開いて人が出てきた。院が詰問すると、「私は融でございます。夫人をちょうだい致したく思います」と返答したので、院が「お前は生きているときは臣下であったのに、なんと淫《みだ》らなことをするのだ」と言うと、その「霊物（融の亡霊）」は院（異本では院の夫人）の腰をうやうやしく抱いた。夫人はすでになかば気絶していた。やっとの思いで人を呼び、夫人を担ぎ出して、その場を離れた。浄蔵《じょうぞう》という祈禱《きとう》に長《た》けた法師を呼んで加持したところ、ようやく夫人の意識は戻ったという。

この話に登場する融の亡霊は、宇多院の夫人との性的交わりを求め、院の命や夫人の命さえも奪おうとして出現している。融の亡霊は、生者に危害を加える邪悪な「物の怪《け》」の色彩を帯びつつあった。

こうした恐ろしげな幽霊が出没する屋敷には、幽霊を撃退する能力を十分に備えた者でなければ住めないはずである。ふつうの者が住めば、命さえも奪われてしまうかもしれないからだ。それ故、この旧宅に住む者はいなくなり、平安時代の終わり頃には、河原院といえば化け物の棲む屋敷を意味するようになってしまっていた。

『今昔物語集』には、そのあたりの事情を伝えていると思われる奇怪な話もみえる。東国からやってきた夫婦が、宿がなかったので、やむなく荒れ果てた河原院で一晩過ごすことにした。ところが、夫が馬をつなぎに行ったすきに、妻が家の中へ「何者」かによって引きずり込まれてしまう。驚いた夫が中に入ろうとすると、すべての戸が内から固く閉ざされてしまい、必死に開けようとするがどうしても開かない。やむなく斧《おの》で戸をたたき壊して家の中に入ったところ、そこには血を吸い尽くされて竿《さお》に引っかけられた妻の死体があった。

もちろん、この「何者」が融の亡霊であるかどうかはわからないが、少なくとも河原院には「吸血鬼」が棲みついている、という伝承があったことを物語る話である。

また、『源氏物語』「夕顔《ゆうがお》」の巻にも、河原院らしき「廃院」が描かれている。若き日の光源氏《ひかるげんじ》が五条あたりに隠れ住む女・夕顔と相愛の仲になり、逢《あ》い引きの場所として選んだのが「なにがしの院」と記されている、古びて荒れ果てた「廃院」であった。

ここで、夕顔は物の怪に襲われて亡くなってしまうのである。亡霊と化した夕顔が登場する能の《夕顔》は、この話を題材としている。つまり、荒れ果てた河原院は、物の怪が出現するにふさわしい場所と考えられていたのであった。

《融》は往時の優雅な融の邸宅を追憶するといった趣旨の作品だが、私はときどき、化け物屋敷と化した河原院を素材にしたら、どんな能楽作品になるのだろう、と想像することがある。

比叡山横川 —— 元三大師信仰の拠点

「横川の小聖」が怨霊を退散

『源氏物語』の幾多のエピソードのなかでも、葵祭《あおいまつり》に出かけた光源氏の愛人・六条の御息所《みやすどころ》が乗る牛車《ぎっしゃ》と源氏の正妻である葵上《あおいのうえ》の牛車が、祭りの行列を見物するための最適な場所をめぐって争う「車争い」の話と、その後の「御息所の怨霊《おんりょう》出現」の話は、とくに有名である。

激しい争いの末、御息所の車が後退を余儀なくされ、彼女は行列のなかにいる恋しい光源氏の晴れがましい姿を見ることができず、悲しい気持ちで帰らねばならなかった。このことを聞いた源氏は気の毒に思って御息所を訪ねたが、恋心と恨み心など複雑な思いに煩悶《はんもん》する御息所は拒絶する。

そんなとき、葵上は父の左大臣邸で妊娠の煩いに苦しんでいた。「いみじき験者《げんじゃ》たち」が招かれ、その加持祈禱《かじきとう》によってさまざまな「物の怪《け》」が「よりまし（霊媒）」用の女官に仮り移されては次々に正体を現すなか、どうしても正体を現さない「物の怪」が一つあった。周囲の人びとは御息所の霊で「生霊《いきりょう》」ではないかと噂し合った。

やがて御息所と思われる「物の怪」が、葵上の口を借りて語り出す。その姿は、葵上とは似ても似つかぬものであった。しかし、「比叡山の座主」や「何くれやんごとなき僧」たちの熱心な加持祈禱によって容態も少し収まったときに、葵上は無事男児（夕霧《ゆうぎり》）を出産する。僧たちは得意そうに退出し、葵上の家の者たちも喜び浮かれていた。ところが、その隙をつくかのように葵上の容態が急変し、祈禱などの手配をする間もないうちに亡くなってしまう。御息所の「生霊」の仕業であった。

上演度数でも常に上位を争う人気曲目である能の《葵上》は、この六条の御息所の「物の怪」つまり「生霊憑《つ》き」のエピソードに素材を求めたものである。しかし、かなり変更が加えられている。能では、舞台の上に置かれた赤い小袖《こそで》が「葵上」を表している。まずツレの「照日《てるひ》の巫女《みこ》」が小袖の前に着座する。続いて朱雀院《すざくいん》の廷臣と名乗るワキツレが登場して、次のように語る。

「左大臣の息女葵上が物の怪に苦しめられ、貴僧高僧を招いて大法秘法治療をさまざま行ったが、その効果がない。そこでこうして照日の巫女という梓《あずさ》の法が上手な巫女を招き、生霊死霊の境を梓にかけて占ってもらうことにした」

やがて照日の巫女の「寄り人は、今ぞ寄り来る長浜《ながはま》の……」という霊を寄せる歌に引き寄せられてシテの御息所が現れ、巫女の問いかけに、自分は六条の御息所であり、

横川中堂の付近。如法塔は横川発祥の地

える。

梓の末筈《うらはず》（弓の両端で矢を射るときに上になる部分）に宿って現れたと告げ、そのつらい心の内を語り出す。そして、恨みの念が高じてきて、小袖（葵上）を激しく打ちすえる。

この照日の巫女の役目は、葵上に憑いている「物の怪」の正体を明らかにするだけである。その後の怨霊《おんりよう》調伏の役目は、比叡山の「横川《よかわ》の小聖《こひじり》」に任される。参上した横川の小聖は、数珠《じゆず》を押し揉《も》み、五大明王《みようおう》（不動明王を中心に、降三世《ごうざんぜ》明王、軍荼利《ぐんだり》明王、金剛夜叉《こんごうやしや》明王、大威徳《だいいとく》明王）を頼んで、怨霊調伏、怨霊成仏の加持を行い、御息所の怨霊も退散していく。

そこで問題になってくるのは、「横川の小聖」とは何者なのか、ということである。『源氏物語』では、葵上に憑いている「物の怪」を加持祈禱で調伏してくれる宗教者の拠点は比叡山であった。とくに「いみじき験者たち」が調伏に長けていると考えていたらしいが、彼らの住まいも名前も特定されていない。つまり、比叡山のどこかに加持祈禱に長けた僧がいればよかったのである。

ところが、能になると、比叡山を構成する仏閣群である東塔《とうどう》・西塔《さいとう》・横川の三塔のうち、「横川」を選び出しているのである。《葵上》は近江《おうみ》猿楽で演じていたものを世阿弥《ぜあみ》が改作、あるいは金春禅竹《こんぱるぜんちく》の作とも伝えられている。とすると、彼らは、「横川の小聖」によって比叡山という宗教空間の力を象徴させたにしても、比叡山三塔のう

元三大師(『近江名所図会』)

ちでもとくに「横川」こそが加持祈禱の験力《げんりき》に優れた「小聖」の拠点にふさわしい場所と思っていたことになる。《葵上》で「横川の小聖」は、大峰山《おおみね》・葛城山で修行を積んだ修験道の「行者」（山伏）と語られている。それでは、歴史的にみて、比叡山における修験道の拠点は「横川」だったのだろうか。

山林に入って修行を積み験力を得ることを目的とする修験道は、天台、真言などの宗派には関係なく発達してきたが、天台宗の僧のなかにも修験による呪力《じゅりょく》の獲得を強調する集団が形成されるようになった。しかし、横川が天台修験道の拠点であったわけではない。

天台修験道（回峰行《かいほうぎょう》）は、円仁《えんにん》（慈覚大師《じかく》）の弟子・相応《そうおう》が比叡山の北方の比良山《さん》麓《ろく》・葛川《かつらがわ》に修験の道場たる息障明王院《そくしょうみょうおういん》（滋賀県大津《おおつ》市葛川坊村《ぼうむら》町）を開いたことに始まるという。伝承によれば、相応は大願を発して三年を限って葛川の滝に籠《こ》もった。やがて夢中に普賢《ふげん》菩薩が現れて大願が成就する旨を予告し、これに力を得て滝に向かって祈念すると葛川の地主神・志古淵《しこぶち》明神が示現し、この地を仏教修行の聖地として提供し、修行者を守護すると告げる。さらに祈念を続けると、ついに滝壺《たきつぼ》に不動明王の姿が現れた。感激のあまりその不動明王を抱きしめたとき、その姿は消えて桂《かつら》の木が立っていた。そこでこの木から三体の不動明王の像を造り、一体は相応の草庵《そうあん》（無動《むどう》寺・比叡山東塔）に、一体はこの地の息障明王院に、もう一体は琵琶《びわ》湖畔の伊崎《いさき》寺

（滋賀県近江八幡市白王《しらおう》町。毎年八月一日、琵琶湖に突き出した一三メートルの角材の上から七メートル下の湖水に飛び込む「棹《さお》飛び」行事で知られる）に安置した。

現在でもこの三寺は、天台修験道の中心道場であり、回峰行者の参籠《さんろう》する聖地として知られている。相応は優れた修験（験者）として頭角を現し、藤原良相《よしみ》の庇護《ひご》を得て貴族社会にも信用を博するに至った。たとえば、清和《せいわ》天皇の母・染殿后《そめどののきさき》（明子《あきらけいこ》）に憑いた「物の怪」を退散させた話は有名である。

おみくじ発祥の地

「横川」は根本中堂のある東塔の北七キロほどのところにある仏閣群である。横川は昔から三塔のなかでももっとも参禅・瞑想《めいそう》にふさわしい寂寞《せきばく》の聖地とされてきた。現在でも根本中堂のある東塔がたくさんの参詣《さんけい》者で賑《にぎ》わっているのに対して、横川は参拝者も少なく静寂を保っている。横川は最澄の直弟子・円仁が、天長《てんちょう》六年（八二九）、根本如法塔《こんぽんにょほうとう》（首楞厳院《しゅりょうごんいん》）を建てたことに始まる。さらに、円仁は中国から帰った嘉祥《かしょう》元年（八四八）には、観音を中尊とし左右に不動明王と毘沙門天を配した三尊を本尊とする横川中堂を建立し、横川の発展の基礎を築きあげる。

横川の発展に尽くし、かつ修験道とも関係が深い加持祈禱でも著名であった人物に、比叡山中興の祖とされる慈恵大師良源がいる。正月三日に亡くなったことから「元三大師」とも呼ばれた。良源は政治的手腕、優れた弁論、鋭い霊感や加持祈禱の実績等によって、比叡山でも破格の出世を遂げ、五五歳で天台の座主につき、在任は一九年という長きにわたった。良源は不動明王を熱心に修し、たびたび宮中や貴族の邸宅に招かれて加持祈禱をした。これは円仁や相応以来の伝統であり、横川は不動明王を祀《まつ》る聖地ともみなされていたのである。

こうした生前の功績は、没後に良源を「権化《ごんげ》の人」、すなわち神仏が仮に人間の姿をとって現れたのだとする信仰を生み出した。元三大師信仰である。

元三大師信仰でまず思い浮かべるのは、異様な二種類の護符用の刷り物である。一つには、角を生やした餓鬼のような異形の姿の元三大師が、もう一つには、三十三体の小さな僧としての元三大師が描かれており、前者は「角大師《つのだいし》」、後者は「豆大師《まめだいし》」と呼ばれる。これは、大師がとても美しい僧であったので、宮中へ加持祈禱などのために召されたとき、女官たちに懸想《けそう》されるのを恐れ、あるときは鬼の姿で、またあるときは目立たぬように豆のような小さな姿になって参内したという伝説に由来している。

さらに、こんな伝説も残されている。良源が亡くなる前日、壁に映ったその影が、良源がその場を去った後も消えず、影には襟元の重ねや袈裟《けさ》の色まではっきり映っていた。そこで弟子の尋禅《じんぜん》がこれを描き始めると、写し終わった部分から影は消えてい

元三大師堂

った。この不思議な良源の影像図がいまも横川四季講堂（元三大師堂）に安置されているというのだ。また、良源自身が自分の像を置くところは必ず「物の怪」を退散させることができると言った、という伝説もある。こうした伝説を背景にして、元三大師の画像やその刷り物が悪霊調伏に霊験があるということになったのであった。

能《葵上》の作者が、なぜ御息所の怨霊を調伏する「小聖」を「横川」に求めたのかは定かではない。天台修験道の僧を意味するならば「無動寺（相応の草庵）の小聖」としたほうが、よほど歴史的にはかなっている。しかしながら、おそらく作者の脳裏に、比叡山のなかでも、不動明王を祀る聖地であり、元三大師信仰の拠点でもあり、かつ根本中堂のある東塔から離れた静寂の地である横川こそが、悪霊調伏の験力に長けた修験者の住まう場所としてふさわしいという思いがよぎったのであろう。

稲荷山 ―― 謎が多い稲荷信仰

「神」と出会い、技芸が成就

現在では、人間の技能はどんなに優れたものであっても、しょせんは人間の技能でしかない。しかし、かつては特殊な技能には神秘の雰囲気が漂っていた。そのような技能は神仏の加護によって、あるいは自身が神の領域に近づいたために獲得されたものだとみなされていたからである。そして、こうした思想をふまえた技芸奇瑞《きずい》・霊験物語が数多く語り出された。能の《小鍛冶《こかじ》》の話も、その一つである。

平安時代の中ごろのこと、一条の院が不思議な夢を見た。その夢のお告げにしたがい、三条の小鍛冶宗近《むねちか》のもとに使いをやって、帝《みかど》のために剣を打つように命じた。宗近は「帝の御剣は相応の相槌《あいづち》がいてこそ打てるものだが、私にはそのような相槌がいない」といったんは辞退するが、勅使に「夢のお告げがあったのだから引き受けるように」と求められて引き受ける。

困り果てた宗近は、日頃から信仰する氏神・稲荷明神の助けを得ようと参詣《さんけい》する。

そこに童子が現れて、宗近が帝の御剣を鋳造・鍛錬するように依頼されたことを言い当てるとともに、和漢の名剣の威徳を語り、最後にこう告げると、稲荷山中に消えていった。

「刀鍛冶の家業を伝えてきた宗近であるから安心して家に戻り、準備して待っていなさい。私が神通力で姿を変えて相槌になってやろう」

自宅に戻った宗近が、壇を構えて周囲には注連縄《しめなわ》を張りめぐらし、供物を供え、神々に加護を祈って稲荷明神の示現を待っていたところ、やがて童男《どうなん》の姿をした明神が出現し、相槌をつとめた。こうして鍛え上げられた刀の表に、宗近は「小鍛冶宗近」と銘を打ち、明神はその裏に「小狐《こぎつね》」と鮮やかに打った。明神は、この刀を稲荷のご神体に擬して小狐丸と名づけ、また、これで治められる天下は五穀豊穣《ほうじょう》・四海太平であろう、と祝福する。そして、小狐丸を勅使に渡すと、稲荷山の方に飛び去っていった。

刀工としての三条小鍛冶宗近は有名である。だが、それは能の《小鍛冶》を通じて広がったもので、能以外の宗近に関する記録は少ない。もっとも古い記録は室町時代後期の関白太政大臣・一条兼良《かねよし》が著したといわれる『尺素往来《せきそおうらい》』で、高名な鍛冶として、昔は月山《がっさん》や天国《あまくに》といった者がおり、それ以降には信房《のぶふさ》、舞草《もくさ》、行平《ゆきひら》、定秀《さだひで》、三条小鍛冶といった者がいた、と記されている。

いっぽう、「小狐」という太刀については、『保元物語』に、藤原信西《しんぜい》入道が家伝の「小狐」という太刀を所持していた、とあるが、宗近の作とは語っていない。そして、時代がはるかに降《くだ》った近世の『本朝鍛冶考』には、宗近は一条天皇の時代の人物で、藤原信西が所持した蟬丸《せみまる》あるいは小狐丸という刀は宗近の作である、と記されている。ということは、ある時期に、三条小鍛冶宗近の伝説と小狐の伝承が結びつけられて、三条小鍛冶宗近が小狐丸という名刀を鍛えた、という伝承が生まれたようである。

これと関連しているものとして、私がまず思い浮かべるのは、岐阜県垂井《たるい》町の南宮《なんぐう》大社《たいしゃ》の「ふいご（鞴）祭」である。この神社の主神は製鉄・鍛冶を司《つかさど》る神とされる「金山彦《かなやまひこ》」で、十一月八日の「ふいご祭」には全国の鉱山・金属関係者が多数参拝し、能の《小鍛冶》を想わせるような、関《せき》の刀匠による古式ゆかしい鍛錬式が高舞殿で行われる。

また、この神社では、鍛冶師たちが自分の仕事場で行うふいご祭用の、「金山神」や「三宝荒神《さんぽうこうじん》」（囲炉裏や竈《かまど》などの火を守る神）などを描いた画軸も頒布していた。興味深いことに、そこには鍛冶神の眷属《けんぞく》（配下）とおぼしき鬼たちが描かれ、そのうちの二人は鍛冶の相槌をつとめているのである。霊剣などを鍛えるときに相槌として示現する神格として、狐（稲荷神）と鬼のどちらが先に観念化されたのかは定かでないが、能の《小鍛冶》と近い関係にある図柄であることは明らかであろう。ちなみに、

「鍛冶神掛図」(南宮大社蔵)

同社の神宝として三条小鍛冶宗近の作とされる名刀など、多くの刀剣が所蔵されている。

謎めく稲荷信仰

さて、《小鍛冶》のなかの「異界」は、もちろん「稲荷山」すなわち京都は伏見の稲荷大社である。ここでも十一月八日に「ふいご祭」（火焚《ひたき》祭）が行われている。社伝によれば、もともとこの祭りは晩秋の収穫祭であったが、三条小鍛冶宗近が稲荷明神の加護によって名剣小狐丸を得たことを記念するための祭りともなって、火を用いる職人たちの信仰を集めるようになったという。伏見稲荷の場合は、能の《小鍛冶》との関連を強調しているが、むしろ、「冬祭り」としての「火祭り」や火を用いる職人や鉱山・金属関係者の信仰があって、それをふまえるかたちで、《小鍛冶》が作られたように思われるのである。以下に述べるように、稲荷山の信仰を掘り下げていくと、そうしたことを暗示する伝承に行き当たるからである。

稲荷山・稲荷大社の信仰は複雑であり、多くの謎が残されたままになっている。稲荷山・稲荷大社の起源は、古代にまでさかのぼる。現在での考証では、稲荷大社の創建は八世紀初めの和銅《わどう》年間とされている。もっとも古い伝承は、『山城国風土記』の逸文（一部が残された文書）にみえる「伊奈利社」の起源伝承である。それによれば、秦《はた》氏の遠い先祖である秦伊侶具《いろぐ》が、稲作が成功して富み栄えたため、慢心のあまりに餅《もち》を的にして弓で射った。すると、その的が白い鳥に変じて山の峰に飛び去った。そこに稲が生えたので、社を作り、「伊奈利」という社名を名乗るようになったという。伊奈利社は、元来は技術に長《た》けた渡来系の集団である秦氏が祀《まつ》る神社であって、この伝承からも明らかなように、稲の霊を祀ったものであった。「いなり」とは「稲成り」であり「稲荷《にな》う」であった。

ところが、時代が降った鎌倉《かまくら》時代になると、稲荷社は神仏習合の流れのなかで、隣接する有力寺院であった東寺・真言宗の信仰体系のなかに組み込まれることになり、東寺・真言宗の側から、弘法大師《こうぼうだいし》空海《くうかい》に関連づけた稲荷伝説が語られるようになる。それが、弘法大師の絵伝『弘法大師行状記』中の一エピソードとして語られた、空海と稲荷明神との出会いの物語である。この『行状記』には異本が多いのだが、たとえば、東寺本によれば、次のように語られている。

弘仁《こうにん》七年（八一六）の夏、弘法大師が回国修行の途中、紀州《きしゆう》の田辺で異相の翁《おきな》と出会う。大師と翁は、大師が東寺を真言の道場として帝から賜ったあかつきには、そこで再会しようと約束する。弘仁一四年、大師は望み叶《かな》って東寺を賜った。その年の四月、紀州の翁が稲を荷い椙《すぎ》を持ち、二人の女性と二人の子どもを伴って東寺にやってきて、大師と再会する。大師はこの翁のために、都の辰巳《たつみ》（東南）の方角の杣山《そまやま》を拓《ひら》

無数に続く伏見稲荷の鳥居群

いて、翁が鎮座する社を建立した。それが今の稲荷大社である。

つまり、中世の東寺・真言宗側の解釈では、稲荷社は弘法大師空海によって建立された神社であったわけである。しかし、これはまことに興味深いことなのだが、東寺・真言宗側はこうした伝承を語り出しながらも、真言宗への習合以前の稲荷山・稲荷社の信仰の様子を物語る伝承も語り込んでいる。それが稲荷社の社家・荷田《かだ》氏の始祖伝承、すなわち「龍頭太《りゅうとうた》」と呼ばれる、次のような伝承である。

古老の言い伝えによれば、和銅年中からずっと二百年ものあいだ、稲荷山の麓《ふもと》に庵《いおり》を結んで住み、昼は田を耕し、夜は薪《まき》を樵《こ》るという仕事をして暮らす者がいた。その面貌《めんぼう》は龍のようで、顔の上には光を放つところがあり、その光は夜でも昼のように明るかった。この者を龍頭太と呼び、姓は荷田といった。稲を荷っているためである。

弘法大師がこの山に入って修行をしていたとき、この翁がやって来て、「私はここの山神である。仏法に帰依したいので、大師に真言の法味を授けてほしい」と頼んだ。大師は敬服し、翁の顔を写した面を作り、稲荷社の竈殿《へっついどの》に安置した。稲荷社の中にある荷田社とは、この龍頭太を祀ったものである。神官の荷田氏はその子孫である、云々《うんぬん》。

この伝承から、稲荷社の古い様態が浮かび上がってくる。すなわち、もともと稲荷社には、稲荷山の山神＝龍神（蛇）＝水神が祀られており、農耕神であるとともに、林業と薪・竈を用いた職人・工人（たとえば鍛冶師）の神という両面性を備えていたらしい。秦氏が渡来する以前からのこうした信仰の上に、仏教が乗っかっていったのである。その行為を合理化するための説明が、先住の神からの聖地の譲渡という、前述のような東寺側からの伝承であった。私は、《小鍛冶》に相槌として登場する「童男」に「龍頭太」の面影を見てしまうのだが、まったくの妄想ともいえないのではなかろうか。

最後に、稲荷社と狐の関係に触れておこう。今日では稲荷社と狐のつながりは常識になっているが、いつ頃からどのような経緯でそうなったのかは、じつはまだ明らかになっていない。古代中国ではすでに、狐は人に化ける能力を持った動物とされていた。それが日本にもそのまま輸入されて、狐は化けることができる妖怪《ようかい》系の動物であることや、人に乗り移って託宣することも、平安時代から広く信じられていた。

その一方、ダキニ天を祀れば富貴自在という密教の修法「ダキニ天法」が平安時代から貴族のあいだに浸透した。そして、このダキニ天は狐の背に乗るという図像として描かれていた。すなわち、ダキニ天の眷属は狐であって、この修法を得意とする僧は狐を操る僧でもあったわけである。このダキニ天信仰と稲荷信仰が、おそらくは東寺・真言宗を媒介にして、特別な結びつきを持つようになり、ダキニ天とは稲荷のことであるというふうに変貌《へんぼう》していったらしい。

伏見稲荷の狐

要するに、伏見の稲荷明神＝ダキニ天社が、富貴自在というダキニ天信仰の拠点になっていったのである。それは、かつては天神といえば雷神系の神であったのが、北野天満宮の成立とその信仰の膨張によって、雷神系の天神社が後世には天満宮系の天神に変貌していったのと同様の歴史であったといっていいだろう。

逢坂山──逆髪が語る「さかさまの思想」

「関東」と「関西」の境はどこか

世阿弥の作とされる《蟬丸《せみまる》》は、能の作品群のなかでも、もっとも陰惨な内容の作品である。鑑賞する側は、暗澹《あんたん》たる気持ちからしばし逃れることができないだろう。話は次のようなものである。

平安時代前期、醍醐天皇の第四皇子とされる蟬丸の宮は、幼い頃から盲目であった。帝《みかど》は臣下の清貫《きよつら》に、蟬丸の宮を逢坂山《おうさかやま》に捨てるように命じる。道行きのあと、二人は逢坂山に着く。山野に捨てられることを悟った蟬丸は、清貫にこう話す。

「これもこの世にて過去の業障《ごうしょう》を果たし、後の世を助けようとする父帝のありがたいお計らいであろう」

清貫は蟬丸の髪をおろし、蓑笠《みのかさ》をすすめ、杖《つえ》を道しるべに持つように指示する。こうして、清貫は蟬丸の宮を逢坂山に捨て置いて、都に戻っていく。残された蟬丸は、唯一の持ち物である琵琶《びわ》を抱えて泣きくずれる。

蝉丸神社上社(『近江名所図会』)

一方、醍醐天皇の第三皇女（蟬丸の姉）は逆髪《さかがみ》といい、いつの世の悪行の報いかはわからないが、狂気の果てに辺土遠境を放浪していた。その髪は、逆さまに生え上がって撫《な》で下ろしても下りなかった。逆髪は放浪の末に逢坂山にやってくる。粗末な藁《わら》屋《や》から聞こえてくる琵琶の音に懐かしさを感じ、なかに声をかけてよく見ると、琵琶の主は弟の蟬丸であった。二人は再会を喜ぶとともに、自分たちの宿縁の深さを嘆き悲しみ合い、名残を惜しみつつ別れる。

能の《蟬丸》の舞台は、山城と近江の境となっていた逢坂山である。また、そこには『枕草子』にも「関は逢坂、須磨《すま》の関」と記されているように、すでに平安中期までには「関所」が設けられていた。「関」とは「遮るもの」という意味であり、必然的に「遮るもの」のこちら側と向こう側という、質の異なる領域が形成・観念されることになった。

つまり、都に住み暮らす人びとにとっては逢坂山＝逢坂の関の向こう側は「異界」であったわけである（ということは、近江側の人にとっては山城側が「異界」であったということになる）。『湖南神社考』にも、ここは「関東」と「関西」の境であって、このため道祖神が祀《まつ》られており、それを「関大明神」と称した、とある。醍醐天皇のときに完成した『日本三代実録』貞観《じょうがん》一七年（八七五）の条に、「近江国正六位坂神」とあるのは、この道祖神であるらしく、すでにこの時期から、この道祖神は特別視さ

逢坂山の関址

れていたことがわかる。

やがて、逢坂の関に、旅人目当ての乞食《こつじき》や乞食同然の芸能者が集まるようになり、「関大明神」に合祀《ごうし》するかたちで、芸能者たちは神格化した「蟬丸」を祀り出した。その後身が逢坂山に祀られている「蟬丸神社」である。

現在、逢坂山には、三つの「蟬丸神社」が祀られている。坂の上（上片原《かみかたはら》）と坂の下（清水）、そして峠を越えた山城側の大谷の三社である。しかし、大谷の蟬丸神社は、近世に入ってまもなく神輿《みこし》が逢坂の峠を越えて渡れないということで、大谷に新たに社を建立したもので、もともとは前二者が「関明神社」（蟬丸社）であった。

このうち、とくに重要なのは、下社の「蟬丸神社」である。というのは、もともとこの神社はこの地にあった関寺の鎮守であったのだが、関寺が廃寺となったのち、近世になってから、元来は無関係であったすぐ近くの三井寺別院近松《ごんしょう》寺が別当寺（神仏習合説に基づいて神社に設けられた神宮寺）として支配するようになったからである。

蟬丸とはいかなる神か

それでは、道祖神＝関明神社に合祀され、やがて主客が逆転することになる「蟬丸」とはいかなる神なのか。いうまでもなく、この「蟬丸」とは、『小倉百人一首』の「これやこの行くも帰るも別れては知るも知らぬも逢坂の関」の歌で知られる蟬丸のことである。この歌は九五一年（天暦《てんりゃく》五）に撰《せん》された『後撰和歌集』から採られたものなので、蟬丸は十世紀の中ごろまでには存在した人物だということになる。蟬丸の歌はこのほかにも三首知られているので、蟬丸という名で呼ばれた歌人が実在していたことは確かである。しかし、その実像は明らかではない。むしろ蟬丸の名は伝説のなかで語り伝えられ、その伝説を媒介にして関明神社に結びつけられ、祭神へと昇華していったのであった。

蟬丸が説話のなかで初めて語り出されたのは、『今昔物語集』に記された「源博雅《ひろまさ》朝臣《あそん》会坂《おおさか》の盲《めしい》のもとに行く物語」である。これは、管弦の道を極めることで名を残した源博雅が、逢坂の関に草庵《そうあん》を結んでいた琵琶の名手である蟬丸という盲人のもとに三年通った末に、流泉《りゅうせん》・啄木《たくぼく》という秘曲をやっと聞くことができたという、秘曲伝授説話である。ここでは、蟬丸はもとは宇多天皇の皇子・敦実《あつざね》親王式部卿《しきぶきょう》宮に仕える雑《ぞう》色《しき》（雑役に従事する召使い）であったが、失明したために逢坂の関に隠遁《いんとん》した、と語られている。

また、蟬丸が琵琶の名手になったのは、式部卿宮が弾いているのを聞き覚えて上手になったのだとし、さらに秘曲伝授があって以降、盲人の琵琶が世に広まることになったのだ、と説いている。

たしかに、式部卿宮が優れた管弦の奏者であった事実や蟬丸という名前が賤称《せんしょう》らしいことを考え合わせると、蟬丸が雑色もしくはそれに類する者であった可能性はきわめて高いと思われる。

留意しておきたいのは、この説話では、蟬丸を盲人琵琶の始祖と語っているものの、逢坂の関明神とは直接的に結びつけられていないことである。この説話の段階では、蟬丸が逢坂の地にちなむ「これやこの……」の歌を残したので、隠遁地を逢坂にしたにすぎないのかもしれない。

しかし、やがて、逢坂の関明神社に集まる琵琶を弾く民間の芸能者たちは、蟬丸と逢坂の関との関係を特別視し、蟬丸を自分たち芸能者の始祖と仰ぎ、神格化し、ついには関明神社に合祀するに至ったようである。いずれにしても、すでに鴨長明《かものちょうめい》の『無名抄』（一二一一年執筆）に、「会坂の関明神と申すは、昔蟬丸の彼の藁屋の跡を失わずして、そこに神となりて住みたまふなるべし」とあるので、一三世紀初めには、関明神と蟬丸は結びつけられていたのである。

こうした、源博雅と雑色出身の蟬丸とのあいだでなされた秘曲伝授にまつわる説話が流通する一方、蟬丸を「延喜《えんぎ》帝醍醐天皇の第四皇子」とする説も語り出されるようになる。たとえば、『平家物語』では、源氏方に捕らえられた平重衡《しげひら》が梶原景時《かじわらかげとき》に伴われて鎌倉に連行される海道下りの段で、次のように語られている。

「四宮河原になりぬれば、ここは昔、延喜第四の王子蟬丸の関の嵐に心をすまし、琵琵をひき給ひしに、博雅《はくが》の三位と云ひし人、風の吹く日も吹かぬ日も、雨のふる夜もふらぬ夜も、三年《みとせ》が間、あゆみを運び、たちきて彼《か》の三曲を伝へけん、藁屋の床の古《いにしへ》もおもひやられてあはれなり。会坂山を打ち越えて、瀬田の唐橋《からはし》駒もとどろにふみならし……」

また、室町時代の説話集『三国伝記』にも、「相坂の蝉丸は延喜帝第四の王子也。両眼盲《めしい》させたまひて、六根不具なる故に……宮を出され、相坂の関の辺に捨られ、藁屋を床に栖《すみ》たまふ」と語られている。

先学が指摘するように、中世の職能・芸能者たちは、木地師《きじし》（ろくろなどで椀《わん》や盆などを作る職人）たちがその始祖を文徳《もんとく》天皇の第一皇子・惟喬《これたか》親王に求めたように、自分たちの先祖を貴種に求めることでその職能・芸能を権威づけるとともに、権益を守ろうとした。蝉丸＝延喜帝第四皇子説も、そうした動きのなかで生み出されたものであった。

しかし、琵琶法師たちが職能集団としてまとまっていく過程で始祖と仰いだのは、じつはこの蝉丸ではなく、仁明《にんみよう》天皇の、実際に目が見えなかったかどうかは不明だが、実在の第四皇子である「人康《さねやす》親王」であった。近世になって整備された盲僧琵琶の集団「当道座《とうどうざ》」が著した『当道要集』によれば、当道座の祖神・天夜尊《あまよのみこと》は、山城国山科《やましな》の四宮・柳谷《りゆうこく》に祀られている四宮の祭神である、と説いている。すなわち、この神は仁明帝第四の皇子で、二八歳の時に病を得て失明し、山科に隠遁して、畿内《きない》近国の筋目良き盲人たちを集めて音曲を楽しみとした。人康親王が亡くなったあと、その霊を祀って天夜尊という神号を贈り、その社を「四宮」と呼んだ。盲人芸能者たちは親王の生前の恩を忘れず、追善を怠りなく行ってきた、とある。

このような盲人琵琶の始祖＝仁明天皇の第四皇子・人康親王説が、いつ頃から唱え出されたのかは定かではない。前述の『平家物語』の海道下りの段で、語り手は山科の四宮河原において、延喜帝第四の皇子であるという蟬丸の伝説を想起したわけであるが、これは思い違いであって、本来はすでに流布していた人康親王の伝承を想起すべきだったのではなかろうか。言い換えれば、蟬丸＝延喜帝第四皇子説の生成には、人康親王＝仁明帝第四皇子説の影響があったとみるべきであろう。

ところで、能の《蟬丸》は、ここまで述べてきたことからも明らかなように、蟬丸伝承のうちの、とくに延喜帝第四皇子説に着目して作られたものである。しかし、この作品の独創的な部分は、それ以前の蟬丸伝説にはみられなかった、「逆髪」という異形の人物を造形し、彼女に「さかさまの思想」を語らせていることにある。この逆髪を通じて、蟬丸一人でさえも悲惨な物語がいや増されることになったのであった。

この能の《蟬丸》の登場以降、関明神社の祭神に変化がもたらされる。なんと「逆髪」が祭神に加えられるようになったのである。芸能史家の室木弥太郎《むろきやたろう》氏の研究によ

蟬丸(『近江名所図会』)

れば、関明神社にゆかりのある芸能者が身分証明書のごときものとして所持していた「御巻物抄」には、蟬丸と逆髪の逢坂山での再会と別離のエピソードを語ったのち、二人が亡くなった時に、関明神社に合祀した、と語られている。また、前掲の『湖南神社考』でも、関明神社の上社は「蟬丸の社」、下社は「逆髪の社」との説があることを紹介し、あわせて「逆髪」は「坂神」に通じることも指摘している。

現在、関明神（蟬丸神社）三社の祭神はいずれも猿田彦《さるたひこ》と豊玉姫《とよたまひめ》で、蟬丸を合祀するかたちをとっている。ということは、関明神の原初形は男女一対（夫婦もしくは兄弟姉妹）の道祖神であって、能の《蟬丸》における「逆髪」という人物の造形もそこから得られたものであったと言えるだろう。

竹生島 ——「金輪際」から生まれ出た水晶輪の山

自然崇拝の聖地・竹生島

醍醐天皇（在位八九七〜九三〇年）の頃。帝《みかど》の廷臣が、従者とともに竹生島《ちくぶしま》に参詣《さんけい》に出かけ、琵琶湖畔にたどり着いたところ、沖に舟を出している老人と若い女がいた。そこで、その舟に頼んで竹生島まで行くことにする。島に上陸すると、若い女は弁財天の社殿の扉を押し開いて中に消え、老人は自分はこの湖の主であると言って水中に姿を隠してしまう。やがて、社殿が揺れ動き、光り輝き、虚空に音楽が聞こえ、花が散り、弁財天が現れて、天女の舞を舞う。次いで湖面に波風が立って、龍神が現れて舞を舞い、「天女も龍神も弁財天の姿を変えたものにすぎない」と言って、巨大な大蛇となって龍宮《りゅうぐう》に飛んでいく。

これが、能の《竹生島》のあらすじである。

竹生島は、琵琶湖北部・葛籠尾崎《つづらおざき》の南の沖合に浮かぶ周囲二キロの小さな島である。竹生島というと、中世宗教説話に親しんできた私は、まず、お伽草子《とぎぞうし》や説経などに描き語られた『さよ姫の草子』とか『松浦長者《まつら》』、あるいは『竹生島の本地』などと呼ばれる竹生島の縁起を伝える物語を思い浮かべる。

概略を紹介しよう。ただ、大和国壺坂《つぼさか》（奈良県高市郡）に松浦長者と呼ばれるたいへんな果報者がいた。子宝だけには恵まれなかったので、長谷寺の観音に申し子したところ、一人の姫を授かり、さよ姫と名づける。しかし、姫が四歳のときに父が亡くなり、みるみる家は没落して、父の十三回忌を迎える頃には、供養もおぼつかないほどになっていた。

窮状を見かねたさよ姫は、父の供養のための費用を調達するために身売りを決意し、春日の神に参った。神は、大蛇への生贄《いけにえ》の身代わりを求めて奥州からやってきた男に引き合わせ、姫は奥州に買われていく。男の在所では、池に棲《す》む大蛇に村のなかから娘を生贄として差し出す習慣があったのである。

身代わりになった姫が、池の前で一心に法華経を唱えていると、出現した大蛇の角や鱗《うろこ》が落ち、大蛇は美しい女に変身した。大蛇は法華経の力で成仏できて救われた、と礼を述べ、如意宝珠《にょいほうじゅ》（あらゆる願いを叶《かな》える珠《たま》）を姫に贈り、姫を大和国に送り届けた。姫は死後、竹生島の弁財天となった。

このような物語縁起が民衆のなかに浸透したのは、竹生島が中世には厳島《いつくしま》（広島県宮島町）、天河《てんかわ》（奈良県吉野郡天川村）、江ノ島（神奈川県藤沢市《ふじさわ》）と並ぶ弁財天を祀《まつ》る

竹生島

聖地として広く知られていたからである。だが、この物語縁起の内容は、竹生島を舞台にしたものではない。しかし、やがて竹生島の弁財天となるさよ姫が、池に棲む大蛇の苦しみを救済するというモチーフの背景には、竹生島の弁財天信仰と龍蛇信仰との深い関係が暗示されている。

竹生島関係のもっとも古い時代の記録は、「近江国風土記」逸文とされる『帝王編年記』所収の神話（養老《ようろう》七年＝七二三年の頃）である。

霜速比《しもはやひ》古命《このみこと》には、夷服《いぶき》（伊吹）の神である多々美比《たたみび》古命《このみこと》という息子と、その妹にあたる久恵の峰の神である比佐《ひさ》志比《しひ》女命《めのみこと》という娘がいた。また、夷服の神の姪《めい》にあたる浅井《あさい》比《ひ》咩命《めのみこと》が浅井の

奈良吉野郡・天河大弁財天宮の鳥居

岡にいた。この夷服の岳と浅井の岡が高さを競って、浅井の岡が一晩で高さを増したところ、夷服の神が怒り、剣を抜いて浅井比咩を斬った。その首が琵琶湖に落ちて島となった。それが竹生島である。

おそらく、後に竹生島明神として知られる神は、この浅井比咩に求められ、当初は、島やこの近辺の湖域を守護する神として信仰されていたのだろう。

十五世紀初頭の応永《おうえい》二十二年（一四一五）の奥書をもつ『竹生島縁起』は、その当時知られていた竹生島伝説を集成したような内容の縁起で、この島の発生・島名起源をめぐる不思議な神話がいくつも語られている。その冒頭には、前述の神話と同類の話が記されている。いわく、霜速彦命には、気吹雄命《いぶきを》と坂田姫命、浅井姫命という三人の姫がいた。気吹雄命と坂田姫命は坂田郡の東方、浅井姫は浅井郡の北方にいたが、浅井姫と気吹雄命が争い、負けた浅井姫は琵琶湖に沈んだ。そのとき海が「都布《つぶ》、都布《つぶ》」と鳴ったので、この島を「都布久島《つぶく》」という。

この縁起には、竹が生えたためとする島名起源伝承も載っている。琵琶湖に落ちて水沫《すいまつ》となった浅井姫が凝り固まり、歳月を経て岩となり、やがて島となった。魚たちがこの島に石を運び、鳥たちが草木の種を落とし、そして最初にこの島に生えてきたのが竹であった。それで竹生島という。あるいはまた、奈良時代に禅僧の行基《ぎょうき》がこの島にやってきたときに、竹生島明神が現れて、この島は金輪際《こんりんざい》（地層の一番奥）から現れ出た金剛宝座石《こんごうほうざいし》である、と告げた。そこで行基が持っていた竹の杖《つえ》を地面に刺したところ、それが根づいて成長した。それで竹生島という。

この二つの説話はなかなか興味深い。というのも、琵琶湖の水に浮かぶ泡粒が岩となりそれが生長したとか、大地の奥底から出現したという表現は、この島が神や仏の力によって作られたのではなく、自力で出現したことを意味しているからである。要するに、自然崇拝に根ざした聖地であったのだ。

地震鯰を押さえる「要石」の信仰

こうした伝承をもっていた竹生島に、やがて仏教が浸透してくる。『竹生島縁起』によれば、天平《てんぴょう》十年（七三八）に行基がこの島で修行した際に、二尺ほどの四天王像を祀った小堂を建立したのが、仏教の聖地へと竹生島が変容していく第一歩であった。その後、天平勝宝《てんぴょうしょうほう》四年（七五二）、行基の仏行を慕う浅井郡の大領（郡の長官）浅井直馬が金色の千手観音を祀ったという。さらに、貞観二年（八六〇）、比叡山延暦寺《えんりゃくじ》座主・円仁（慈覚大師）の弟子の真静《しんじょう》がこの島に入り、竹生島明神（島守明神）を祀る神社を造り改めて、円仁手製の弁財天像を祀る神殿とした。

つまり、現在に続く竹生島の宝厳寺《ほうごんじ》は、竹生島明神の神宮寺として始まり、その明神を弁財天に置き換えることで、すなわち竹生島明神＝弁財天とすることで、仏教の聖地としての道を歩んできたのであった。このため、明治になって竹生島に神仏分離が及んだとき、竹生島の弁財天以前の神がどのような神であったのかを、宝厳寺の関係者は想起することさえできなかったという。

現在の竹生島にある都久夫須麻《つくぶすま》神社は、神仏分離によって、本堂ともいえる弁財天堂を市杵島姫命《いちきしまひめ》・宇賀魂命《うがのみたま》・浅井姫命を祀る神社へと衣替えしたものである。

ところで、『竹生島縁起』には、民間の竹生島信仰を考える際に見逃せない興味深い話が載っている。それは大鯰《おおなまず》伝承である。竹生島ができたとき、海龍が変じた大鯰

「安政大地震絵」に描かれた要石（国立国会図書館蔵）

『平家物語』経正竹生島詣の図（『近江名所図会』）

が島をぐるぐる七巻きして、口で尻尾《しっぽ》をくわえ、その一巻きごとに神が現れ、竹生島の大神と七所の神子《みこ》の神（子どもの神）が現れたという。この海龍＝大鯰が島をぐるぐる巻きにするという構図は、じつは中世になって流布する最古の日本地図ともいえる『絵入り伊勢暦』や江戸時代になって流布した「地震鯰の図」に描かれた、大きな龍蛇が頭から尻尾までの全体で日本列島を取り囲んでいる構図と対応しているのである。

地震鯰とは、いうまでもなく、地震は大地の奥に棲む鯰が動くことで起きるという民間信仰における鯰のことで、これに関連して、地底の大鯰を押さえているのが「要《かなめ》石《いし》」であるという信仰も存在していた。要石は各地に見られたが、江戸時代末期には常陸国の鹿島神社（茨城県鹿嶋市宮中）の要石が有名であった。

こうした「伊勢暦」や「地震鯰の図」あるいは「要石信仰」などに照らしてみると、竹生島はいわば島それ自体が要石に等しく、そうした信仰と深い関係があったからこそ、竹生島が金輪際から湧いてきた石であるとする伝承が生まれた（あるいはその逆かもしれない）のではなかろうか。

たしかに、竹生島には大鯰に関する伝承は多い。『竹生島縁起』には、前述の伝承とともに、宇治川をさかのぼってきた人を喰《く》らう大蛇を、竹生島明神である大鯰が呑《の》みこむ、という話も載っている。また、現在でも、竹生島近辺の湖岸の人びとのあいだでは、竹生島は水中に浮遊し、その底には巨大な鯰がたくさん生息しているといったたぐいの伝承が数多く語り伝えられている。

もっとも、大鯰が日本列島を支えているという民間信仰は、中世末あたりまでしかさかのぼることはできない。それ以前の形態は、巨大な龍蛇が日本列島を支えているというものであった。こうした一般的な傾向は、竹生島にもあてはまり、龍蛇が大鯰の先駆型であったとみなしてもいいだろう。

たとえば、そのあたりのことを伝えるのが、竹生島の「弁の岩屋」と呼ばれる洞穴である。『竹生島縁起』は、この洞穴への道を開いたのは修験道の祖とされる役の行者で、穴の入り口は狭く、洞穴は曲がっていて、奥には大きな朽ちた木や池があり、そこが龍の棲む場所である、と語っている。

この龍神信仰を踏まえて、これまたたくさんの伝承が作られた。たとえば『平家物語』の「竹生島詣」には、次のような話がみえる。すなわち、竹生島とは金輪際から生まれ出た水晶輪の山であって、そこには天女が住むという伝承を紹介した後、管弦に長じた平経正《つねまさ》が琵琶を弾いたところ、竹生島明神が感心して白龍の姿で現れたという。音曲と弁舌の神としての弁財天にふさわしい、しかも龍神信仰ともつながっている興味深い話である。能の《竹生島》もこうした伝承の延長線上に生まれたのである。

芦屋――鵺を神に祀った京都の聖地

京に住む人の「あの世」

能の《鵺《ぬえ》》は、有名な源頼政《よりまさ》による鵺という化け物退治の伝説に素材を求めた作品で、世阿弥の作とされている。

諸国一見の僧が、熊野《くまの》参詣《さんけい》を終えて都に戻る途中、難波の浦を通って芦屋《あしや》の浜まで来たところで日が暮れてしまう。そこで、地元の者に「一晩過ごす所はないか」と尋ねると、こう教えられた。

「当地では旅の者を泊めてはいけない決まりになっているので、私の家にはお泊めできない。河口の浜に堂が建っているので、そこに泊まられたらいかがでしょう。ただし、その堂には、川から化け物が上がってくるそうですから、どうか承知しておいてください」

言われたとおりに、僧は堂に宿を取ることにした。すると、空舟《うつほぶね》に乗った舟人（海人）が現れ、「じつは私は近衛の院の時代に、源頼政に矢で射殺された鵺の亡魂である。この私の妄執を弔ってほしい」と頼み、そのときの様子を詳しく語る。ひとしきり語ると舟人は、また空舟に乗って、ときどき怖ろしい声を立てながら、夜の波間に浮きつ沈みつ消えていった。

話を聞き入れた僧が、浜辺でねんごろに鵺の供養のための読経をしていると、今度は鵺の亡霊が現れ、やはり退治されたときの様子を語り、次のように言い終えると海中に消え去る。

「源頼政は帝《みかど》から獅子《しし》王という剣を賜り、その際、宇治の大臣（藤原頼長）と歌のやりとりをして名を上げたのに対し、自分は殺されて空舟に乗せられて川に流され、淀川から海に出て葦屋《あしや》の浮き洲《す》に流れ着いた。朽ちゆく暗黒の空舟の中で、同じく暗い冥途《めいど》の道に入ったので、どうか仏の光を自分に照らしてください」

ところで、鵺退治の話はいくつかある。だが、その出発点となったのは、『平家物語』にみえる、源頼政の鵺退治の話である。以下に、その話を紹介しよう。

近衛の院の時、天皇が夜な夜な「もの」に怯《おび》えることがあった。高僧たちが祈禱《きとう》をしたが、いっこうに効果がなかった。ある人の話では、東三条《とうさんじょう》の森から一群の黒雲が現れて御殿を襲ったときに、帝は怯える、という。そこで公卿《くぎょう》たちが詮議《せんぎ》し、源平の強者のなかからしかるべき者を選び出して警固させよう、ということになり、頼政が召されることになった。

頼政が選ばれた理由は、源氏一族の先祖のひとりである源義家が、化鳥らしきものを追い払ったという先例があったからである。すなわち、堀河《ほりかわ》天皇がものに怯えることがあったときに召され、弓と山鳥の尾羽で作った矢をたずさえて南殿に伺候し、天皇がものに怯える症状を示したときに、「前《さき》の陸奥守、源義家」と大声で名乗り、弓を鳴らしたところ、天皇の病も治ったという。

頼政も先例にならい、山鳥の羽で作った矢を用意して待機していると、夜中になって、東三条の森から現れた一群の黒雲がやってきて、御殿の上をたなびき、そのなかに怪しきものの姿が見て取れた。頼政が「これを射損なったら、恥ずかしくてこの世にいられない。神様仏様助け給え、八幡大菩薩助け給え」と祈って矢を放ったところ、見事に射当てて、怪しきものが南の庭に落ちてきた。頼政配下の猪《い》の早太《はやた》が駆け寄ってとどめを刺した。遺骸《いがい》をあらためると、頭は猿、胴は狸、尾は蛇、手足は虎、鳴き声は鵺（トラツグミ）に似た、異形の鳥であった。

感心した天皇から獅子王という剣を賜った頼政は、それを取り次いだ藤原頼長とのあいだに、「ほととぎす雲居に名をやあぐるらん」「弓張り月のいるにまかせて」という歌のやりとりをして、人びとから、武名のみならず歌の道も優れていると評された。

いっぽう、退治された化け物は、「空舟」に入れて流されたという。

さて、この話でとくに留意したいのは、頼政が退治した「変化《へんげ》のもの」は、鳴き声

鵺（鳥山石燕『今昔画図続百鬼』東北大学附属図書館蔵）

が鵺に似ていた、といっているだけで、この「変化のもの」自体を「鵺」と呼んでいるわけではないことである。つまり、「鵺」はここでは「化け物」ではなく、「猿」「狸」「蛇」と同格の実在の動物、現代の鳥類学でいう「トラツグミ」とみなされていたのである。

ところが、この伝説が広まってからは、このような正体不明の「変化のもの」を「鵺」と呼ぶようになっていく。そのきっかけもまた『平家物語』に見出《みいだ》される。『平家物語』には、前述の「変化のもの」退治に続いて、やはり頼政による同様の化け物退治の話が載っており、そこではその化け物を「鵺」と呼んでいるからである。

私がこの話でもっとも興味を引かれたのは、退治された鵺が「空舟」に乗せられて川に流された、という部分である。「空舟」とは、「うつほ」の状態に作られた舟、すなわち、舟の中空部分に人などを収めて密封状態にした舟のことである。要するに、川に流すために舟のような仕様になっている「棺《ひつぎ》」といっていいだろう。

「空舟」で有名なのは、熊野・那智の浜からの「補陀落渡海《ふだらくとかい》」である。中世、那智の浜の補陀落山寺は補陀落渡海信仰の拠点であった。この地方では古くから水葬があり、その仏教的な変形として、この寺の僧や修験者たちが亡くなったとき、はるか南方にあるという補陀落山・観音の浄土への往生を願って、遺体を棺に収めて舟に乗せて流したのである。その舟もまた「空舟」と呼ばれていた。

らである。

もっとも、それだけならばとりたてて奇妙な習慣ではない。那智の補陀落渡海が有名なのは、熱烈な観音の信仰者たちが、生きたまま南海の観音浄土へ渡ることを願い、釘《くぎ》を打ち付けられて外に出られない状態になった舟の中に籠《こ》もって海に出て行ったからである。

すなわち、この補陀落渡海の習慣からもわかるように、空舟に乗せられるのは、この世からあの世へと送られるものたちであり、鵺もまたそのような意味を込めて、空舟に乗せられたのである。したがって、鵺の流れ着いたところ、つまり「芦屋の浜」は、まさに「あの世」であった。

たしかに、京の都の人びとにとっては、日常生活の延長線上に位置する「淀川」は「汚れたもの」を異界へと祓《はら》い流す川、異界への通路であり、この「芦屋の浜」は異界＝あの世であったのだろう。

だが、地元の人びとにとっては、芦屋の里はもちろん「この世」にほかならず、彼らにとっては「浜」という限定された領域が化け物が出没する異界との境界域であり、「堂」はそのような意味合いをもった場所を意味していたわけである。

これに関連して思い出されるのは、世阿弥の『風姿花伝《ふうしかでん》』に記されている「秦河勝《はたのかわかつ》伝説」である。それは次のような話である。

能のもとになった猿（申）楽は、天下が乱れたとき、秦河勝が先例に従ってこれを鎮めるために、聖徳太子から六十六番の物まねをするように命じられ、内裏の裏で神《か》楽《ぐら》を演じたことから起こったという。このとき、「神楽」の「神」の字の偏を除いて「申楽」と命名され、河勝はその芸を子孫に伝えたという。

この河勝は、欽明《きんめい》・敏達《びだつ》・用明《ようめい》・崇峻《すしゅん》・推古《すいこ》、上宮太子（聖徳太子）に仕えたのち、自分は異界の者なので、この世に留《とど》まって死ぬわけにはいかない、と言って、摂津《せっつ》の国難波の浦から「空舟」に乗って、風に任せて西海に出て、播磨《はりま》の国坂越《しゃくし》の浦（現在の赤穂《あこう》市）に流れ着いた。浦人が舟を上げてみると人間の姿に変わり、人に乗り移って奇瑞《きずい》を示したので、大荒《おおさけ》大明神として祀《まつ》り、その国は豊かになった、というのである。この大荒大明神は、現在、兵庫県赤穂市にある大避《おおさけ》神社だとされている。

この伝説が興味深いのは、異界出身（「化《け》人《にん》」とされている）の者であるらしい河勝が、「空舟」で海に出て、「西海」の「播磨国坂越の浦」に流れ着いていることである。どうやら難波の浦に出た「空舟」が漂着する地域は、摂津国の西端から播磨国あたりが好まれたらしい。

要するに、京の人びとはそのあたりが異界とこの世の境界であって、その向こうは具体的なイメージが湧かないはるか遠くの世界であったのである。そのことを踏まえて、《鵺》の作者は、鵺を乗せた空舟の最終漂着地を、当時葦《あし》が生い茂っている地として知られていたらしい芦屋の地にしたのではなかろうか。

ところで、今でも芦屋市の中央部を流れる芦屋川の河口近くの左岸にある芦屋公園の一角に、漂着した「鵺」を埋めたという「鵺塚」が存在している。近世に作られた『摂津名所図会』にも、芦屋の浜に鵺の遺骸を埋めたと伝える「鵺塚」があることが絵入りで記されているので、かなり昔からのものである。だが、その鵺塚が能の《鵺》に基づいて作られたものなのか、それ以前のものなのかは定かではない。

鵺を祀る「鵺大明神社」

鵺の埋葬地に関しては、別の伝承も存在している。『源平盛衰記』には、源頼政によって退治された「変化のもの」は「清水寺の岡に埋められにけり」とある。同書には、やはり「鵺」らしき怪しい小鳥を平清盛《たいらのきよもり》が捕獲する話が載っているが、これもやはり竹の筒に封じ込めて清水寺の岡に埋めた、と語られている。さらに、井上頼寿の『京都民俗志』によれば、大正時代までは、清水の三年坂のあたりにこの「化鳥」（鵺）を埋めたと伝えられる塚があったという。

もう一つ、見逃せない鵺の聖地がある。鵺を神に祀った「鵺大明神社」である。これはＮＨＫ京都放送局の跡地のすぐ南、二条《にじょう》公園内の一角に祀られている小さな神社である。傍らに立つ石碑によれば、ここにはかつて池があり、頼政が鵺を退治した折りに、この池でそのとき使った矢じりを洗った場所だと説明されている。しかし、不

鵜大明神社内の鵜池碑

思議なことに、中世はもとより、近世の名所図絵や地誌のたぐいにも、この神社のことは記されていない。どうやら鵺大明神社建立の背景には、まだ明らかにされていない興味深いドラマが隠されているようである。

『太平記』巻十二には、隠岐広有《おきのひろあり》という武者が宮中に出現した怪しき鳥を退治した話がみえる。その「怪鳥」は、「頭は人の如くして、身は蛇の形なり。嘴《くちばし》の先曲がつて歯は鋸《のこぎり》の如く生え違ふ。両の足に長きけづめあつて、利《と》きこと剣の如し。羽先を延べてこれを見れば、長さ一丈六尺なり」という巨大にして異形の鳥であった。この「怪鳥」は、頼政が退治した「変化の鳥」とも、清盛が捕獲・退治した小さな「怪鳥」とも姿かたちが異なっているが、これもまた曖昧《あいまい》な姿かたちをした怪しき鳥という意味では、やはり「鵺」の仲間なのであろう。この鳥の遺骸がどうなったかも気になるが、残念ながら『太平記』には記されていない。

吉野――金の御嶽と呼ばれた桜の名所

仙人の住む山

七世紀後半のことである。天智天皇の死後、吉野に籠《こ》もっていた天皇の弟・大海人《おおあまの》皇子（後の天武《てんむ》天皇）が、天皇の長子・大友《おおとも》皇子（弘文《こうぶん》天皇）を擁する近江朝廷に対して反乱を起こした。ひと月にもわたる激戦の末に、大海人皇子が勝利し、飛鳥浄御原《あすかきよみはら》で即位した。これが干支《えと》でいう壬申《じんしん》にあたる年だったので「壬申の乱」と呼ばれる皇位争奪戦である。

能の《国栖《くず》》は、この壬申の乱に素材を求めた作品である。あらすじは単純である。大友皇子に追われて吉野に逃れた大海人皇子を、吉野の国栖に住む夫婦が「国栖魚」（鮎）を差し上げてもてなし、吉凶を占うためといって、死んでいる国栖魚を川に放つ。すると、それが生き返り、皇子が都に戻る吉兆を示した。老夫婦は、追っ手がやってくると、皇子を舟の中に隠して助け、姿を隠す。すると天女が現れて舞を舞い、吉野に祀《まつ》られている蔵王権現も現れて、来るべき浄御原の天皇（天武天皇）の世を言《こと》祝《ほ》ぐ。

《国栖》に登場する「国栖」は、奈良県吉野地方の地名であり、さらには地名にちなんだ川魚の名前でしかない。しかし、「国栖」という語には、吉野地方に古くから住みついていた人びと、しかも大和王権側から賤視《せんし》された人びとという意味がある。《国栖》の作者もそのあたりのことを承知していて、そのことを踏まえて作品を作ったと思われる。

『古事記』や『日本書紀』には、次のような伝承が記されている。神武天皇が熊野から大和盆地に入るための行軍の途中のこと、吉野川流域で川の魚や山の動物を獲《と》って暮らしている「国つ神」（土着の勢力）に出会った。神武軍側は、ほとんど抵抗することなく服属したこの地方の人びとを、奇怪な者たちとしてイメージしたらしい。というのは、神武が出会った、のちの吉野首《よしのおびと》（吉野の豪族の長）である「井光《いひか》」を、井戸の中から出てきた尻《しり》のあたりに光る尾をもった人物として記述し、また、吉野の国栖の祖とされる人物も、尾をもった人物であって、岩を押し分けて現れたので「石押分《いわおしわく》」という名で呼んだという。つまり、国栖の先祖は「有尾人」にして「地中（洞窟）生活者」であった。これはおそらく、吉野の先住民が狩猟採集や鉱業などを生業《なりわい》としていたことを物語るのだろう。

大和盆地に強力な王権を確立した古代の天皇は、吉野を訪れることをことのほか好んだ。古代の吉野は先住民の本拠地である「国栖」の地よりもさらに西方の「宮滝《みやたき》」のあたりだと考えられている。大海人皇子の母・斉明《さいめい》天皇は、ここに離宮をもっていた。おそらくその縁もあって、大海人皇子はこの地で挙兵したのだろうが、その陰には、この地の豪族の支援があったはずである。

さらには、信仰の対象になるものもあったにちがいない。大海人皇子は即位後、吉野宮（宮滝）で六人の皇子に忠誠を尽くすことを誓わせているし、天武天皇の皇后（後の持統《じとう》天皇）の宮への行幸は、じつに三一回にも及んでいる。

この行幸の目的は、一般には祈雨のためだとされている。吉野首の一族が祀っていた水分《みくまり》神社を天皇も祀ったというのである。しかし、それだけではなさそうである。とくに吉野の南方の大峰山系に点在する、不老不死の薬とされていた水銀（丹）の産出と関係があると思われる丹生《にう》神社をも祭祀《さいし》していたらしい。

要するに、天皇家は、山や自然に対する畏怖《いふ》の念や神仙（仙人）の思想、そこから生み出される「幸」への憧憬《しょうけい》を踏まえて、この一帯の鉱山業・狩猟業を営む山の民を支配下に組み込んだのであろう。

たしかに、吉野は古代のある時期、中国の影響からもたらされた神仙思想によって、神仙の住む仙境とみなされた。というのも、日本の仙人たちがその居住地を吉野に求めているからである。たとえば、かの有名な久米仙人《くめのせんにん》も、吉野に住んでいた。

金峯山寺。日本一の桜の名所として知られている

天平の頃、吉野の竜門山《りゅうもん》の洞窟《どうくつ》に、三人の仙人が住んでいた。その一人が竜門山から葛城山へ飛行していたとき、途中の久米川で洗濯をしている女を見かけた。仙人はその女の股《もも》の色を見て、うかつにも愛欲の心を起こしてしまい、神通力を失って大地に落下してしまった。そこで、その女を妻にし、寺の外に住まわせて昼は夫婦の生活をし、夜は仏教修行に励んだ。

やがて、聖武《しょうむ》天皇が東大寺造営のために全国から人夫を集めたとき、仙人もそのなかに加えられた。工事の奉行が仙人の異相に気づき、「神通力を用いて、吉野山付近の木材を都に運ぶことができるか」と尋ねた。やむなく仙人は、木材を呪力《じゅりょく》で飛ぶ鳥のようにして都に運んだという。

この話からもわかるように、吉野は仙人の住む山であった。しかし、日本の仙人のイメージは空を飛ぶ神通力をもっていること以外、山岳で修行する仏教僧とほとんど変わりはない。いや、日本の仙人は山岳修行僧の特殊な形態とみたほうがよさそうである。また、愛欲の心を起こした久米仙人を、世俗への思いを断ち切れない未熟な僧と思いがちであるが、むしろ当時の山岳修行僧の実態を映しているとみたほうがいいだろう。

いずれにしても、こうした仙人風の修行僧が山に入り、洞窟に籠もり、飛行術を身につけるために松葉を食べ、不老不死になるという仙薬を飲み、樹皮製の衣を着て、空中を飛び回ったり、器物や荷物を飛ばすことのできる術を獲得しようとしたりしていたのである。吉野はそうした修行の場として都の人びとにも知られていたのである。

しかし、神仙思想は日本ではあまり広まらなかった。むしろその後に発展してきた修験道のなかに吸収されていったらしい。前述したように、修験道の開祖は役の行者であるとされ、全国各地の修験道修行の山々に、役の行者による開山伝承が残されている。

吉野に伝わる伝承によれば、吉野の「金剛蔵王権現」も、役の行者によって祈り出されたという。役の行者が金峯《きんぷ》山上で衆生を救済するにふさわしい仏の出現を祈願し

吉野の遠景

たところ、岩上に釈迦、観音、弥勒《みろく》の諸尊が現れた。だが、これらの柔和な姿に役の行者は満足せず、さらに祈ったところ、ものすごい雷鳴とともに忿怒《ふんぬ》の相もすさまじい金剛蔵王権現が岩の中から湧出《ゆうしゅつ》した。これこそ末法の衆生を救うにふさわしい仏と考えた役の行者は、その姿を桜の木に刻み、本尊として祀ることにした。その場所が大峰山系の山上ケ岳《さんじょうがたけ》の大峰山寺であり、吉野の蔵王堂であるという。吉野山が後に桜の名所になったのも、蔵王権現のご神木を桜だとする信仰と無縁ではない。

王を蔵す吉野山

吉野と役の行者のつながりを示す伝承として、もう一つ忘れるわけにはいかないのは、役の行者が葛城山と金峯山とのあいだに橋を架けようとした伝承である。「葛城山」の項でも少しふれたが、『今昔物語集』には、次のように語られている。

文武天皇の時、役の優婆塞（役の行者）という聖人がいた。四〇年余りも葛城山の洞窟に住み、藤の皮を衣とし、松葉を食べて修行を積んでいた。孔雀明王の呪文を唱え、あるときは五色の雲に乗って仙人の洞窟に通い、鬼神を使役して、水を汲《く》ませ薪《まき》を用意させ、命令に背くときは呪を唱えて縛りつけた。金峯山の蔵王菩薩は、この優婆塞が修行で祈りだしたものである。

優婆塞はつねに葛城山と金峯山を往来していたので、葛城山と金峯山のあいだに橋を架けようと考え、鬼神たちに橋の建設を命じた。鬼神たちは優婆塞の命令なのでやむなく橋を作り始めたが、鬼神の一人である一言主の神が優婆塞に不平をもらした。これに怒った優婆塞は、この神を呪縛《じゅばく》して谷底に落としてしまった。

これを恨んだ一言主は、都の人に乗り移って「優婆塞は謀反を起こそうとしている」と帝に讒言《ざんげん》した。このために、優婆塞は捕らえられて伊豆《いず》に流されたが、三年後には許された。

この伝承には興味深いことがいろいろと語り込まれている。まず注目したいのは、修験道の開祖とされる役の行者のイメージが仙人のものとして語られ、神仙の聖地ともみなされていた吉野に通っていたことである。また、そこに蔵王権現を祈り出し、さらには鬼神たち（土着の勢力が祀っていたと思われる神々）を使役していることも留意すべき点である。おそらく吉野であれば、この鬼神は先に述べた「国栖」と呼ばれた吉野首の子孫にあたる人びとということになるだろう。

ところで、役の行者の高弟・日雄角乗《ひのおのかくじょう》の創建という古刹・密乗院《みつじょういん》の後身とされる吉野の桜本坊《さくらもとぼう》には、能の《国栖》の素材となったことを思わせるような、次のような話が伝えられている。

大海人皇子が兵を挙げる前、吉野の日雄殿に住んでいたとき、吉野山の桜が一挙に開花する夢を見た翌朝、庭の桜の樹が満開になっていたので、角乗に占わせると「桜の花は花の王と言います。これは皇子が必ず皇位に着く知らせです」と答えた。その後、戦に勝ち皇位に着いた天武天皇は、角乗に命じて桜の花が咲いていた所に寺を建立し、勅願寺《ちょくがんじ》として名を「桜本坊」とした。

宗教民俗学者で、修験道史に明るかった五来重《ごらいしげる》氏によれば、これは桜本坊に伝わる『日雄寺継統記』（未公開）に記されている話で、これにはまた、「日雄殿」（吉野離宮）に奉仕していた者たちは吉野の山人・井光の末孫であり、その一人である角範《かくばん》が開いた日雄寺が吉野修験道の端緒であるとも記されているという。この文書は江戸時代後期のものであるというから、そのまま信用するわけにはいかないが、吉野修験道を支えてきた人びとの心情を伝える興味深い資料である。

ところで、「金峯山」とは、吉野川の河岸から山上ケ岳までの一連の山々の総称で、古代には「金の御嶽《みたけ》」とも呼ばれていた。それは、古代人のあいだでこのあたりには金脈が存在する、と信じられていたことによっている。

『宇治拾遺物語』に、こんな話が載っている。金峯山に参詣《さんけい》にきた金箔《きんぱく》打ちの男が金の延べ棒を発見して勝手に持ち帰り、これを打ち延ばしたところ、たくさんの金箔ができた。これを怪しんだ役人が調べてみると、すべての金箔に金の御嶽の文字が記されていた。そこで、すべてをもとのところに戻させたという。

もっとも、こうした伝説はあるものの、金峯山中に豊かな金脈があったことは確認されていない。だが、どういう経緯があったかは知れないが、水銀その他の鉱物を蔵する山であったこの一帯が、金を蔵する山に変貌《へんぼう》し、いつのまにかその「幻想」の評判が流布していったのであろう。

これについては、吉野修験道独自の神格である「金剛蔵王権現」の名前の由来も、この「金の御嶽」伝承と関係があるのではないかとする説もある。これも五来重氏の説で、「埋蔵する金を支配する王」という意味ではないか、という。

これに対して、能の《国栖》で披露されているのは、大海人皇子を吉野に隠したことにちなんで「王を蔵す吉野山」と謡っているので、「王を蔵す」（蔵王）に由来するという説である。大海人皇子だけでなく、その後も建武《けんむ》の新政に失敗した後醍醐天皇が吉野に逃れ、長くこの地に南朝があったことを考えれば、たとえ後世の俗説であっても、うなずけるような気がする。

日高川――道成寺と法華経

安珍と清姫の物語

能の《道成寺《どうじようじ》》は、次のような話である。

道成寺の撞鐘再興の供養の場に、女人禁制であったにもかかわらず、どこからともなく現れた白拍子が、舞を舞うからと能力《のうりき》を説き伏せ境内に入る。そして舞を舞いながら隙を見計らって鐘楼に登り、鐘を下ろして「思えばこの鐘、恨めしや」と言ってその中に入ってしまう。吊《つ》り上げたばかりの鐘が落ちているのに気づいた能力が、不審に思いながら鐘に触れると、煮え入るように熱くなっていた。

これを聞いた住僧は従僧に、あなた方は知らないだろうがと前置きして、その昔、熊野への年参りの際の定宿にしていた宿の娘に言い寄られた僧が、この寺に逃げ込み、寺僧のはからいで鐘のなかに隠れ潜んだ。しかし、蛇体に変じて追ってきた女は僧が鐘の中にいることに気づき、蛇体で鐘を七巻きして身体から発した熱でこの山伏を焼き殺したという不思議な事件を語る。

皆で祈りに祈ったところ、鐘は火炎を上げながら動き出し、もとのごとくに吊り上がり、中から姿を現した蛇は火炎を吐きながらのたうち回り、やがて近くの日高川に飛び入り去った。

道成寺（天音山千手院《てんおんせんじゅ》）は、和歌山県日高郡日高川町にある、文武天皇勅願によって創建されたと伝える古刹《こさつ》である。能の《道成寺》はこの寺にまつわる伝説を素材にしたもので、この寺では、今でも、前述の住僧が語ったと同じ内容の物語を描いた、『道成寺縁起』と題する絵巻をもとにした絵解《えとき》が行なわれている。

この『道成寺縁起』の原拠は、『本朝法華験記』を初出として、『今昔物語集』『元亨釈書』などに伝えられた話であって、後世には、むしろ「安珍と清姫《あんちんきよひめ》の物語」として広く人口に膾炙《かいしゃ》した。しかしながら、留意しておきたいのは、片思いされる僧が「安珍」と特定されるのは中世の『元亨釈書』以降で、女が清姫と特定されるのはさらに下って近世になってからである。

能の《道成寺》や道成寺の『道成寺縁起』の原拠が、先行する話のどれによったかはさだかではない。熊野詣の僧を「安珍」と述べていないところをみると、『道成寺縁起』は『今昔物語集』あたりに素材を求めたのではなかろうか。もっとも、『今昔物語集』では、熊野参詣《さんけい》の僧は老若二人、裏切られたと知った女が蛇に変身するのは寝所の中といった違いがあり、『道成寺縁起』にはかなりの潤色が加えられている。

以下に、『道成寺縁起』の梗概《こうがい》を示そう。

醍醐天皇の延長《えんちょう》六年（九二八）八月の頃、奥州から熊野に参詣する一人の美僧が紀伊《きい》国の室《むろ》（牟婁）郡の真砂《まなご》で宿をとった。この宿の主は庄司清次《しょうじきよつぐ》という人の妻で、その僧に、どうしてそれほどまでと怪しく思われるほどのもてなしをする。

夜半頃、僧の寝所に忍び込んだ女は、僧に一目惚《ぼ》れした思いを切々と語る。驚いた僧は「私は熊野権現に参詣するという長年の宿願があって、自戒精進し、険しく長い道のりや激しい波濤《はとう》を越えて、ここまで来ました。どうしてこの大願を破ることができましょう」と拒絶する。だが、女がなおも迫った

「日高川草紙」(和歌山県立博物館蔵、部分)

ので、僧はその場を逃れるために「無事に参詣の目的を遂げて、下向する折りに、あなたの言う通りにいたしましょう」と約束をする。

その後、女は僧のことだけを思って待っていたが、約束の日が過ぎても僧はやって来なかった。往来する参詣の人びとに「このような僧が下向して来ませんでしたか」と尋ね歩くと、ある修行者が「そのような人ならば、通り過ぎてはるか先に行っていますよ」と教えた。女は「さては、騙《だま》したな」と怒り狂い、「たとえ深く生い茂った蓬《よもぎ》の元までも、きっと探し出してやる」と叫んで僧を追いかけた。怖ろしいことに、女は追いかける途中からその姿がだんだんと蛇に変わり、日高川も蛇体となってやすやすと泳ぎ渡った。

僧は女が追ってくるのに気づき、必死の思いで道成寺に逃げ込み、ことの子細を語ったところ、寺の衆は思案の末に大鐘を下ろしてその中に潜ませることにし、堂の周りには戸を立てめぐらした。しかし、その効果はなかった。蛇は道成寺にたどり着くと、堂の周りをめぐり尾で戸を叩き割って侵入し、鐘を巻いて尾をくわえ、蛇体から火炎を発して中にいる僧を焼き殺し、両眼から涙を流しながら、その場から立ち去っていった。その数日後、ある僧の夢に、例の僧が現れ、法華経での供養を求めたので、その通りにした。

おそらく、この話が中世から近世にかけてことのほか人気を博したのは、常軌を逸した女の思い（邪念）はその身を蛇へ変えるほどの力をもっていることや、しかもその蛇への変身の様子や聖地ともいうべき寺にいともやすやすと侵入し、火炎でもって中にいる僧を焼き殺して復讐《ふくしゅう》するという奇抜な場面が、絵画として生々しく描かれていることにあったのだろう。

しかし、初出が『法華験記』であり、この『縁起』にも語られているように、そもそもは法華経の功徳《くどく》を説くための話であった。ところが、この時代には、仏教を利用することで女性を差別する思想が蔓延《まんえん》していた。その影響を受け、『道成寺縁起』でも、物語の終りも「女は地獄の使いで、成仏の妨げとなり、表面は菩薩のようだが、心の内は鬼のようだ」といった女性差別を強調する内容に変化してしまったのであった。

それにしても、聖地たるべき寺であるにもかかわらず、いとも簡単に大蛇の侵入を許し、女人禁制を説きながらも白拍子を境内に招き入れてしまうのは、どうしてなのだろうか。じつは、私がこの話に触れたときの驚きは、女（蛇）の思いの深さとともに、やすやすと蛇の侵入を許してしまう道成寺の聖性の無さや寺僧の法力の弱さであった。

生贄の乙女を水神に捧げる

しかし、どうやらその背景には、別の理由が隠されていたらしい。それを解く手がかりは、僧を焼き殺した大蛇が、そばを流れる「日高川」に入ったことである。

道成寺には『宮子姫伝記』と名づけられた絵巻が伝わっている。この辺りで伝えられていた伝承を絵巻にしたもので、一般には「宮子《みやこ》姫・髪長《かみなが》姫譚《たん》」と呼ばれているものである。『道成寺縁起』は、「縁起」と称しているものの、道成寺建立後に起こった不思議な祟《たた》り話を語ったものにすぎない。これに対し、在地の伝承ではあるが、この伝承は文武天皇勅願の寺の「縁起」にふさわしい内容を備えている。伝本は近世になってからのものであるが、この伝承が中世にまで遡《さかのぼ》ることができることは、廃曲になった《鐘巻《かねまき》》にこの伝承が語り込まれていたことからもわかる。

文武天皇のとき、紀伊国日高郡に、九人の兄弟が住んでいた。彼らは海に潜ってアワビやサザエなどを採って生活していた。この兄弟のなかに一人の乙女がいた。名は「宮」といった。あるとき、海底から光が射したので、これを怪しんだ宮が海に潜ると、黄金の観音像があった。宮はこの観音像を長い髪に包み込めて大切に祀《まつ》った。いっぽう、天皇は内裏南門の雀の巣が長い女性の髪で作られていることを知り、この髪の長い女性を探し出すように命じた。勅命を受けた粟田真人《あわたのまひと》が日高郡で宮を見つけ出し都に伴った。宮は藤原不比等の養女となって宮子姫と号し、やがて天皇の后《きさき》に迎えられる。后妃になった宮子姫は故郷に残した観音のことが気になり、これを天皇に申し上げると、紀道成《きのみちなり》を召して一宇の堂を建立させた。ところが、この道成は道成寺建立の用材調達のため、日高川を筏《いかだ》を組んで下っていたとき、岩に衝突して溺死《できし》してしまう。日高郡日高川町にある「紀道《きどう》神社」は、この紀道成を祀ったものであるという。梅原猛《うめはらたけし》が『海人と天皇』のなかでこの紀道神社と道成寺との関係を考察して、まことに大胆な解釈を提出している。

梅原は、紀道神社は舟附神社ともいい、もともとは日高川の水神を鎮め、航行の無事を祈るための神社であったのではないかと推測し、このために水神に生贄《いけにえ》が捧げられていた。そのことを象徴的に語っているのが道成の遭難であり、さらに志半ばで亡

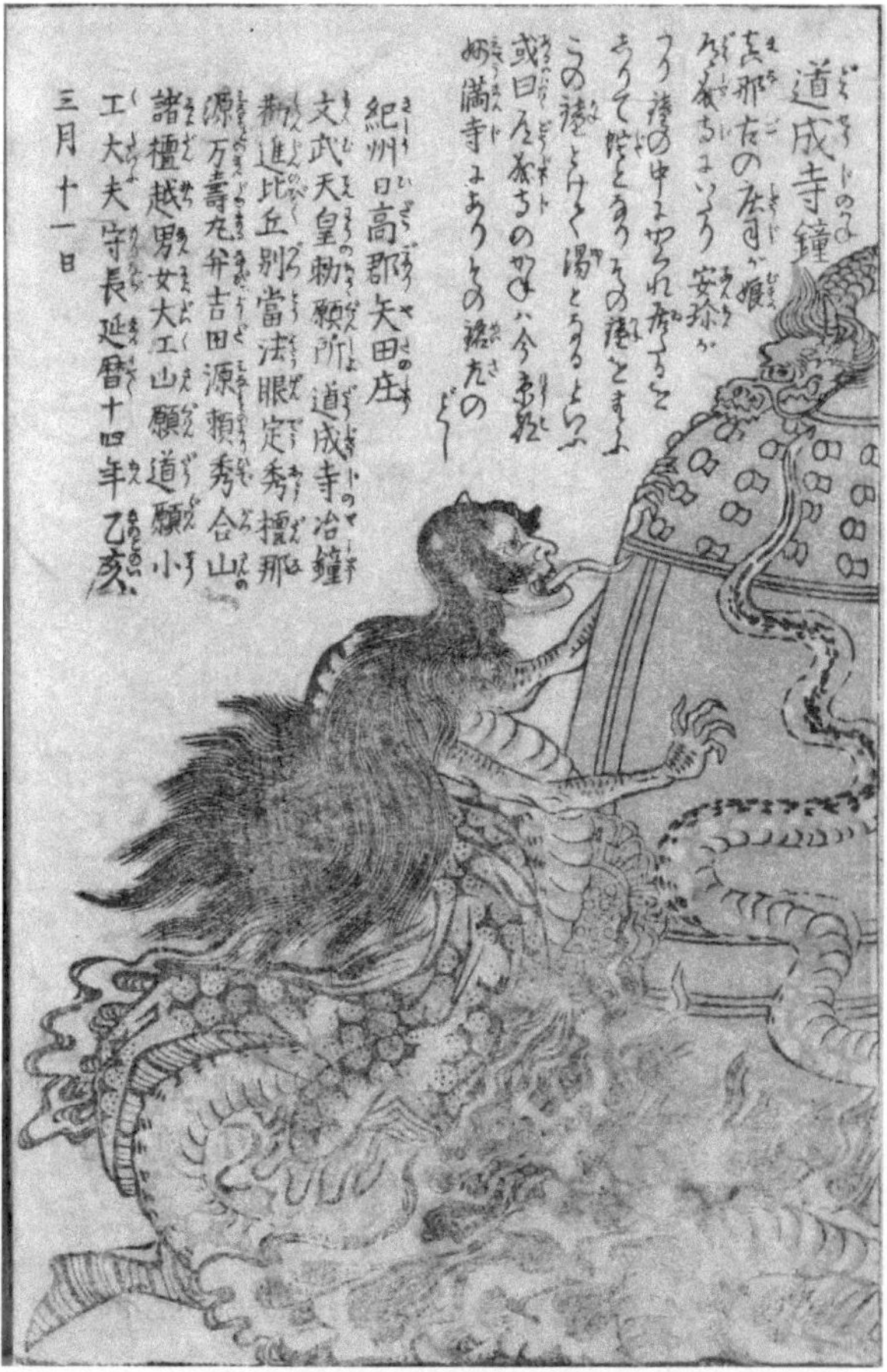

道成寺の鐘（鳥山石燕『今昔百鬼拾遺』国立国会図書館蔵）

くなった道成の「怨霊《おんりょう》」を鎮めるという意味も込めて「道成寺」は建立されたのではないか、と説いている。

私はさらにこうした古代的な生贄伝承をふまえて、説経やお伽草子《とぎぞうし》の「松浦長者・さよ姫」伝承がそうであるように、人間とくに乙女を生贄として水神に捧げる伝承が日高川流域にもあったのではないかと推測している。水神に捧げられた女の霊が今度は大蛇＝水神になって生贄を要求するという話である。それはまた、「鉄輪」伝承が語っていたように、後妻を怨《うら》み妬《ねた》んで鬼になった女が宇治川に入って水神＝大蛇になったとする祟りの話とも通底しているような気がしてならない。

要するに、道成寺説話には、法華経に説く「龍女成仏譚」に影響を受けながらも、人の生贄を求める水神＝大蛇の信仰の記憶が留《とど》められているのであろう。だからこそ、僧を焼き殺した大蛇は、日高川に入っていったのである。道成寺が古くは生贄となった者の霊を鎮めるための機能をもった寺であったとするならば、それを説くために、道成寺は怨霊となる水神＝蛇を招き寄せるという物語を語らざるをえなかったのであろう。

熊野 ―― 死と再生の舞台

「死の国」のイメージ

二〇〇一年九月、国立能楽堂の企画公演として、能の《名取《なとり》ノ老女《ろうじょ》》を基にした堂《どう》本正樹《もとまさき》による復曲能《護法《ごおう》》が演じられた。すべての配役を野村万作《のむらまんさく》や萬斎《まんさい》ら狂言方で行うという初めての試みが印象に残っている。

また、この企画には、上演に先立って、作家の夢枕獏と私との修験道をめぐっての対談が組まれていた。夢枕獏の『陰陽師』が世間の話題になっていた時だったので、対談の内容は、陰陽道・陰陽師と修験道・修験者（山伏）、彼らが使役した式神《しきがみ》と護《ご》法《ほう》（童子）とを対比しながら、修験道と護法の理解を深める、といったものであった。

《護法》の物語を簡単に紹介しよう。熊野の山伏が陸奥（東北地方）へ行脚《あんぎゃ》の旅に出るにあたって、熊野本宮《ほんぐう》の証誠殿《しょうじょうでん》に参籠《さんろう》した。そこで陸奥国名取《なとり》の里に住む、熱心な熊野信仰者である「名取の嫗《おうな》」と呼ばれる巫女に関する、熊野権現のお告げを得る。夢うつつに「陸奥の名取の嫗は、若い頃は長い道のりをたどって毎年熊野に参籠してきたが、今は年老いて来ることができない。気の毒なことだ」という声が聞こえてきて、ふと枕もとを見ると、梛《なぎ》の葉があり、そこには虫食いの跡として次のような歌が浮かび出ていた。「道遠し年もやうやう老いにけり思ひ起こせよわれも忘れじ」。

山伏は行脚の途中、名取の媼を訪ね、このときの夢告の様子を語って聞かせる。これを聞いた媼は、熊野権現は今も変わらず私に加護を垂れて下さっているのだ、と感涙にむせび、熊野権現に歓《よろこ》びの神楽《かぐら》を捧げる。すると、にわかにありがたならぬ気配になり、熊野権現のお使いである護法童子が出現し、媼の頭を撫《な》でさする。そして熊野権現の霊験を語り、媼の子孫の繁栄を約束して去ってゆく。

熊野とは紀伊半島南部の総称で、熊野三山はそこに鎮座している三つの聖地である。二〇〇四年、「紀伊山地の霊場と参詣道」がユネスコ（国際連合教育科学文化機関）の世界遺産に登録されたが、ここでいう霊場とは、この熊野三山と高野山、吉野のことである。

熊野三山は、平安時代に天皇や貴族の熱烈な信仰を集めて有名になり、その後、熊野の山伏（修験者）や熊野比丘尼《びくに》などの宗教者の布教を通じて、広く庶民の信仰を集めるようになった。《護法》に登場する熊野の山伏も名取老女も、そうした宗教者の一人であった。

熊野三山の所在地は、紀伊半島に位置するとはいうものの、互いに遠く離れたところにある。本宮は和歌山県の本宮町、熊野川の上流にあり、一八八九年（明治二十二）の水害で流失するまで、大斎原《おおゆのはら》と呼ばれた川の中洲《なかす》に鎮座していた。現在の本宮は旧社地から五百メートルほどのところに、旧社殿の残木を用いて再建されたものである。新宮《しんぐう》は新宮市の、熊野川の河口近くの海を望むところにあり、那智宮は那智勝《かつ》浦《うら》町にあって、那智川上流の、有名な那智の滝を望む場所に鎮座している。ということは、この三つの聖地は、もともと別個の地域神であったものが、やがてセットになって信仰されるようになった、ということを意味している。

それでは、熊野三山の信仰の基層には何があるのか。まず考えなければならないのは、伊勢神宮のある伊勢地方や支配者たちの住む大和・山城地方から見ると、熊野地方全体が「死の国」というイメージをもって理解されていたらしいことである。たとえば、古代神話によれば、イザナミノミコトは火の神カグツチを生んだとき、カグツチの火に焼かれて亡くなるが、その遺骸《いがい》は熊野の有馬《ありま》村（現熊野市有馬町）の洞窟《どうくつ》に葬られたという。

また、本宮の主祭神はケツミコ神というが、この神は冥界《めいかい》の主となったスサノオノミコトとしても理解されてきた。あるいはまた、那智の妙法《みょうほう》山には「亡者の熊野参り」という伝承があって、人は亡くなるとその霊魂がこの山にやってくるので、ここに参詣《さんけい》すると、死者と出会うことがある、と言われてきた。つまり、熊野はまさしく

「異界」であり「死の世界」でもあったのである。

「蟻の熊野詣で」のにぎわい

こうした「死の国」のイメージを帯びた熊野地方に点在する、独自の歴史と信仰をもつ地域大社をセットにしてその信仰を説き出したのは、山岳を主たる修行の道場とする修験者であった。彼らは本地垂迹説《ほんじすいじやく》――日本の神々は、本地である仏・菩薩が姿を変えて迹《あと》を垂れたもの、という神仏同体説――を用いて、本宮を阿弥陀如来の浄土、新宮を薬師如来の、那智を観音の浄土とみなし、これを巡拝することで、死後に浄土に往生することができる、と説いたのである。これは平安時代中期前後からのことであった。

このようにして熊野信仰は、極楽浄土への再生を説くことで、多くの信者を集めることに成功した。その様子は「蟻《あり》の熊野詣で」と形容された。

興味深いことに、熊野の信仰はやがて人びとの現世利益的要求にも応《こた》えるかたちで「この世への再生」をも併せて説くようになった。そうした熊野の死と再生の信仰をよく伝えているのが、中世に流布した熊野の神の起源を語った『熊野の本地』という物語であり、説経節として知られた『小栗判官《おぐりはんがん》』の物語である。

『熊野の本地』の舞台は天竺《てんじく》（インド）である。しかし、話の内容は日本の文化・習俗によって染め上げられている。長い物語なのでかいつまんで紹介しよう。

天竺まかだ国の「ぜんざい王」には千人もの后《きさき》がいたが、世継ぎがまだであった。后の一人、五衰殿《ごすいでん》に住む「せんこう女御」という后は、王の寵愛《ちょうあい》のないことを嘆き、日頃から信仰する観音菩薩に寵愛を得られるように祈っていた。その霊験があって、王がにわかに五衰殿に通い出し、やがて女御は懐妊する。

これを恨んだのが九百九十九人の后である。共謀して王を欺き、せんこう女御を山中に連れ出して殺害する。だが、殺害された女御の胎内から王子が生まれ、山野の動物に育てられる。やがて、せんこう女御の兄の「ちけん上人」という僧が王子を発見し、王子とともにぜんざい王のもとを訪れ、后たちの悪事を暴く。天竺での生活に嫌気がさした王は、王子や僧を引き連れて、空飛ぶ舟で日本に渡り、熊野に落ち着くことになった。これが熊野の神々である。

この説話の異本のなかには、せんこう女御（観音の化身）を含むぜんざい王たちの日本への転生＝再生を語るだけではなく、ちけん上人が「反魂法《はんごんほう》」（蘇生《そせい》法）を修して女御を蘇生させたというモチーフをもつものもあった。すなわち、探し出されたせんこう女御の首を前にして、ちけん上人が祈禱《きとう》をしたところ、女御が生前のごとく蘇《よみがえ》ったというのだ。

こうした蘇生法とは異なり、熊野それ自体が蘇生を可能にする聖地であったことを物語るのが、『小栗判官』である。これも長い物語だが、概要は以下のようなものでである。

鞍馬の申し子（神仏に祈願して授かった子ども）である小栗判官（判官とは現在でいえば警察庁の上級警察官にあたる）は、美女に変じて現れた深泥《みぞろ》が池の大蛇と契ったことが原因となって、常陸国に流される。そこでもまた相模《さがみ》国の豪族横山氏の愛娘照手《てるて》姫と契りを交わし、それがもとで横山一族の手で毒殺されてしまう。しかし、閻魔《えんま》大王によって地上に送り戻される。

ところが、墓場からはい出てきた小栗は「餓鬼」の姿をしていて、そのままでは自力で動き回ることはできなかった。このため、土車に乗せられて、宿場の人びとの手を借りて熊野まで送られる。

かくして、熊野に着いた小栗は、本宮のそばの「湯の峰」（田辺《たなべ》市本宮町）のつぼ湯に浸かり、もとの姿を取り戻したのであった。熊野の「湯」は、「再生」を可能にする聖なる湯であったのである。

熊野系の宗教者とくに熊野比丘尼は、中世から近世にわたって、「熊野観心十界曼《かんしんじっかいまん》茶羅《だら》」と呼ばれる地獄極楽図（地獄図が強調されていたようである）を携えて熊野信仰の布教に努めた。その際、布教活動の促進のために、こうした熊野権現の起源譚《たん》や霊験譚も併せて語ったのであった。

閻魔大王から現世に送り返される小栗（「小栗判官絵巻」宮内庁三の丸尚蔵館蔵、部分）

ところで、能の《護法》に登場する熊野の山伏は、権現の聖なるメッセージを地方で活動する山伏や比丘尼に届ける役を受け持っている。いっぽう、熊野権現は、こうした山伏や比丘尼などの媒介者を介することなく、熊野への信仰心の厚い者に対して、権現自身が夢枕に立ったり、人に憑依《ひょうい》したりすることで、メッセージを直接伝えることもあった。護法童子の派遣もその一例である。

空中を自由自在かつ迅速に飛び回ることができるという神仏の使者＝護法童子は、もともとは仏法を守護する天童（鬼神、天人などが少年の姿でこの世に現れたもの）のことであった。それが変化して、仏教の神々

餓鬼身となり土車に乗せられ、熊野へと向かう（「小栗判官絵巻」宮内庁三の丸尚蔵館蔵、部分）

の身辺にあってそれを守護する使役神的な神となった。たとえば、不動明王の脇侍《わきじ》である金伽羅《こんがら》童子・制多迦《せいたか》童子、修験道の開祖である役の行者の脇に控えている前鬼《ぜんき》・後鬼《ごき》は、護法童子の典型である。

また、この考えの延長に、密教系の高僧や修験者たちにも、神仏からこの世に派遣された護法が付き従っているという考えが生まれてきた。たとえば、河内《かわち》の信貴山朝護孫子寺《しぎさんちょうごそんしじ》（奈良県生駒郡平群《へぐり》町）を開いた命蓮《みょうれん》には、剣蓋《けんがい》童子と蛇体の空鉢《くうはつ》護法という一対の護法が従っていたし、播磨の書写山円教寺《しょしゃざんえんきょうじ》（兵庫県姫路《ひめじ》市）を開いた性空《しょうくう》には、乙と若という護法童子が従っていた。熊野権現の護法童子も、こうした二重性を帯びた護法、つまり聖地の神仏を守る護法とその宗教者に従う護法であった。

しかし、熊野の護法童子の場合、こうした性格に加えて、熊野参詣の道中において参詣者を守護し、また道標的な役割を果たした多くの「王子社」の神を、護法童子とみなすこともあった。平安時代後期の記録には、都から出かけた熊野参詣者は、帰京した際に伏見の稲荷神社で「送り護法」の儀礼を行ったことが記されている。この考えに従えば、参詣者のすべてに護法が付き従ってボディガードの役目をしていたことになる。

いずれにしても、復曲能《護法》は、熊野信仰がこうした熊野山伏や熊野比丘尼を通じて、遠く陸奥国にまでも広がっていたことを前提にして作られた作品なのである。

志度浦の龍宮——富も災厄ももたらす場所

龍宮神話と王権

藤原不比等《ふひと》の息子・房前《ふさざき》が母の追善のために志度浦《しどのうら》に赴いたときのこと。土地の海女《あま》が現れたので、昔のことを尋ねる。海女は次のような物語を語り始める。これが能の《海士《あま》》の始まりである。

唐《とう》の高宗《こうそう》の后《きさき》になった淡海公《たんかいこう》不比等の妹が興福寺（藤原氏の氏寺。奈良市登大路町《のぼりおおじ》）に三種の宝を贈るが、その一つ「面向不背《めんこうふはい》の珠《たま》」（中に映る仏の像がどこから見ても正面からのもので、背を向けることがない不思議な珠）を志度浦の沖で龍王に奪われてしまう。不比等は身をやつしてこの浦にやってきて海女と夫婦になり、一子をもうける。海女は珠を取り返したらこの子を世継ぎに、と頼んで海底に潜り、珠を取り返した後に息絶える。その子が房前である、と。

そして海女は、「じつは私はあなたの母である海女の幽霊である」と告げて、房前の前から消える。房前が母の追善の供養をすると、海女は今度は龍女となって現れ、法華経の功徳で成仏できたことを喜ぶ。志度寺（香川県さぬき市志度）の法華八講会《ほっけはっこうえ》は、この追善会がもとになっているという。

この作品は、志度寺の縁起に基づいた作品である。志度寺は四国八十八ヵ所第八十六番にあたり、本尊は十一面観音、開基は藤原不比等。寺伝によれば、この寺は推古天皇三十三年に、園子尼《そのこ》が志度浦に漂着した楠木《くすのき》から十一面観音を刻んで安置したのが、そもそもの始まりとする。

現在、志度寺には、一四世紀頃に製作されたと思われる七巻の縁起文と六幅の縁起絵が伝えられている。縁起文は巻ごとに年代を追って寺の発展を述べているが、能《海士》の物語を語るのは、第二巻の「讃州《さんしゅう》志度道場縁起」である。概略を見てみよう。

藤原不比等が父の鎌足《かまたり》を追善するために興福寺を建立した。不比等の妹がその美貌《びぼう》を風聞した唐の高宗の求めで海を渡って嫁入りす。后となった妹は父の追善のために不向背珠などを贈る。しかし、房前浦（志度浦）で暴風に襲われ、これを鎮めるために珠を海中に投じる。

不比等はこれを悲嘆し、房前浦に赴いて海女と契り、一子をもうける。不比等は身分を明かし、妻に珠を取り戻して欲しいと頼む。妻は子の将来を依頼して海に潜る。最初は珠の所在を探るために潜り、数日後に浮上して、龍宮の有様や、たとえ珠を取り返すことができたとしても自分の命はきっとないだろう、と告げる。剣を帯びて再び海に潜り、龍宮から珠を奪い取って浮上するが、瀕死《ひんし》の状態であった。

だが、珠は海女が剣で乳の下を掻《か》き切り、そこに埋め込まれていた。海女は龍女の再誕であった。海女の死後、珠を得たところを真珠島と名づけ、そこに海女を葬った。

また、この墓に堂宇を建立し、「死渡道場」と名づけて追善供養をした。

その後、不比等は子をともなって都に戻り、珠を興福寺金堂の釈迦仏の眉間《みけん》に収めた。龍王はなおこの珠を慕い、猿沢《さるさわ》の池に入って興福寺の守護神となった。長じて大臣となった房前は、行基とともにこの浦に下り、墓に詣《もう》でて、法華八講会と千塔造立の追善を行った。

この説話は、国文学者の阿部泰郎《あべやすろう》氏が詳述しているように、ひと言で言えば、摂関政治を行った藤原氏のいわば「王権神話」の一翼をになったものであり、王法と仏法の両方を手中に収めたことを象徴する「神器」、つまり「宝珠」をめぐる物語ということになるだろう。

私がとくに興味を引かれたのは、もちろん一つは「異界」すなわち「龍の棲《す》む世界」＝「龍宮」であり、もう一つは「龍宮」のエッセンスともいえる「珠」である。

「龍宮」とは「龍王の宮殿」のことである。想像上の動物である「龍」のイメージがどこでどのような経緯で生まれたのかは定かではない。だが、古代のインドから中国などを経て東洋に、古代ギリシャからローマ、さらにはヨーロッパに広がっていったらしいので、その起源は古代のメソポタミア文明やインダス文明を生み出した西アジアあたりだと考えられる。日本では龍の観念が大陸から入ってきたとき、古くから神秘的存在として信じられていた「大蛇」の観念と結びつけられたのである。

龍のイメージは考古学的な遺物にも見出《みいだ》せるので、日本へは古代も早い時代に入ってきたと思われるが、中国における龍のイメージと観念がまとまったかたちで入ってきたのは、仏典を通じてであった。

とくに『法華経』「提婆達多品《だいばだったぼん》」（釈迦の従弟・提婆達多の成仏や八歳の龍女の成仏を説く）にみえる「龍女成仏」説話が広く民間に流布し、龍と法華経の特別な関係を生み出した。その典型は本書の「竹生島」の項で述べている「さよ姫」説話に見出せるが、能の《海士》にもその思想は色濃く表れていて、龍女の姿で再び現れた母の霊は、「八歳の龍女は南方無垢《むく》世界に生を享《う》くる。なほなほ転読し給ふべし」と頼んでいる。

龍宮は敵にもなれば味方にも

たしかに「龍宮」という観念は仏教、とくに法華経の浸透とともに、次第に民間に広まっていった。しかし、「龍宮」の観念が移入される以前にも、海の中に異界があると想像されていた。たとえば、そのような観念を伝えるものとしてもっとも有名なのは、能の《鵜羽《うのは》》の素材ともなっている、古代神話の「山幸彦《やまさちひこ》・海幸彦《うみさちひこ》」の物語である。話は次のようなものだ。

ヒコホホデミノミコト（山幸彦）が兄のホノスソリノミコト（海幸彦）に借りて失った釣り針を探し出せずに嘆き悲しんでいると、老翁が通りかかり、山幸彦を「海神宮」へ導く。山幸彦はその宮殿で海神（トヨタマヒコ）の娘のトヨタマヒメと出会い、トヨタマヒコのもとに案内されて、ヒメの婿となる。やがて山幸彦は地上に戻ることになり、失った釣り針とともに「潮満珠《しおみつのたま》」と「潮涸珠《しおひるのたま》」という二つの珠を贈られ、この珠の威力で兄の海幸彦を服従させる。

やがて夫を慕ってトヨタマヒメも地上にやってきて、海辺で出産しようとする。ところが、「産屋を覗《のぞ》いてはならない」というヒメが課したタブーを夫が破ったために、ヒメは海中に去っていく。産屋の中でのヒメはワニの姿であった。この山幸彦の子孫が神武天皇である。

この話で注目すべき点は、いうまでもなく「海神国」が「珠」で象徴されていることである。「王」は「豊かな珠の男」、その娘は「豊かな珠の女」、その王からの贈り物も「珠」、そして、この「珠」を得た者が「地上の王族」＝天皇家となったのであった。

次の話は、海中に「珠」があり、それを手にした者は支配者になるという王権神話

補陀洛山志度寺(写真提供　志度寺)

的「珠取り」を、素朴なかたちで伝えるものとして注目されているものである。『日本書紀』允恭《いんぎょう》天皇十四年、天皇が淡路《あわじ》島で狩りをしたがまったく獲物が捕れない。原因を占ったところ、島の神が次のように告げる。

「獲物が捕れないのは、私がそうしているからだ。明石の海の底の真珠を採り、それでもって私を祀《まつ》れば、獲物を得ることができるだろう」

さっそくこのあたりの海士を使って海を調べさせると、とても行けないような海底に大きなアワビがあって、それが光を放っているという。一人の海士が潜ってこの大アワビを抱えて浮上したが、そのまま息絶えてしまう。アワビの中には、桃の種くらいもある真珠があった。この海士の死を悼んで墓を作り、手厚く葬った。

おそらく、こうした王権との結びつきをもった素朴な「珠取り」説話が、「龍宮」と「珠」と「王権」との結びつきをもった、大陸から入ってきた「龍」の思想と直接的もしくは間接的に接触することによって、まえに述べた「志度道場縁起」のような、摂関家の権力を支える一助になった物語を作り出すことになったわけである。

それでは、「龍宮」とはどのような世界なのだろうか。「龍宮」といえば、すぐに思い浮かべるのは『浦島太郎』の話である。この話の原典は奈良時代にまで遡《さかのぼ》るが、その頃の「浦島子」(太郎の前身)は「蓬萊《ほうらい》の島」(仙人が住み、不老不死の薬があるとされる伝説の島)に渡ったことになっており、不老不死の仙界のイメージが濃厚につきまとっている。

ところが、中世末から近世にかけて流布したお伽草子《とぎぞうし》の『浦島太郎』になると、「龍宮城」に変化する。太郎はこの世界の「女房」(乙姫《おとひめ》)の案内で、龍宮城の素晴らしさを教えられるのだが、それは東西南北にある庭に生き生きとした春夏秋冬の景色が展開しているという不思議な庭=「四方四季の庭」であった。

また、龍宮の住人の助勢をしたというので、そのお礼に勢多《せた》(瀬田)の唐橋の下にある「龍宮」に招かれた俵藤太《たわらのとうた》こと藤原秀郷《ひでさと》は、鬼にかしずかれた翁《おきな》姿の「龍王」からたくさんの魚介類のもてなしを受けている。

志度寺の閻魔大王（写真提供　志度寺）

どうやら、「龍宮」の住人たちは、浦島太郎のように龍宮にとって好ましい人間がやってきたときには、人間の姿かたちをして優しくもてなすらしい。だが、龍宮世界を脅かすような者がやってきたときには、怖ろしい姿をした龍の本性を現して、これと闘うことになるのであった。

《海士》では、海女が訪れた「龍宮」の様子を、次のように描いている。

「かくて龍宮に到りて宮中を見れば、その高さ三十丈の王塔に、かの珠を籠《こ》め置き、香花を供へ、守護神は八龍並み居たり。そのほか悪魚・鰐《わに》の口、逃れ難しや」

拙著『異界と日本人』（角川ソフィア文庫）などでも論じたように、「龍宮」のイメージ・観念は「鬼ヶ城」とも共通する点が多い。というのも、要するに、「龍宮」や「鬼ヶ城」は「地上の王宮」の負の価値を帯びた分身＝倒立像であり、双子の片割れだからである。つまり、「龍王（神）」は時と場合によっては「地上の王権」の守護者となり、また異なった状況では敵対者にもなる、二重のイメージを帯びた両義的な存在なのであった。

上路 —— 山姥の棲む山

山姥とは何者か

能の《山姥《やまんば》》は、山姥という曲舞を舞うことが得意だったので「百《ひゃく》ま山姥」と俗称される京の遊女が、善光寺《ぜんこう》参詣《さんけい》の途中の山中で本物の山姥に出会う話である。

遊女・百ま山姥が善光寺参詣を思い立ち、近江、越前《えちぜん》、加賀《かが》、越中と旅をしてきて、越後《えちご》との国境となっている境川《さかい》までやってくる。従者は土地の者から、上道、下道、そして乗り物は使えないが阿弥陀如来が通った道という上路越《あげろごえ》の、三つの道筋があることを教わる。遊女が土地の者を案内役にして上路山に入っていくと、急に日が落ちてしまう。途方に暮れていると、通りかかった一人の女が宿を提供しようと申し出る。じつは、その女は本物の山姥の身をやつした姿であって、遊女に次のような言葉を残して去っていく。

「あなたは山姥の曲で名を上げたのだから、その妙なる歌舞で六道輪廻《ろくどうりんね》（衆生が自らの業によって生と死を繰り返す六つの世界。地獄・餓鬼・畜生・修羅・人《にん》・天）で苦しむ山姥の身を弔い、迷いのない本性になって極楽へ赴《おもむ》けるようにしてほしいものだ。もしあなたがこの山姥のことを心にかけて一晩、一生懸命に山姥の曲舞《くせまい》を謡い踊ってくれれば、私も本当の姿であなたと一緒に舞いましょう」

やがて鬼の姿をした山姥が現れ、山奥の壮絶な光景を説明しつつ、山廻《まわ》りの苦しさを語る。遊女は、山姥の姿に恐れおののきながらも、意を決して山姥の曲舞を舞い始めると、山姥もそれに合わせて舞いながら、山姥とはどのような存在なのかを語り示した後、何処へとも知れず去っていった。

まことに怖ろしい話である。こんな状況に出会ったならば、誰もが恐怖で震え上がってしまうだろう。

それでは、この怖ろしい姿の「山姥」とはいかなる存在なのだろうか。興味深いことに、この作品には、山姥の正体についていろいろな説が語られている。もっとも強調されているのは、山姥自らが語る「そもそも山姥とは、生まれた所も知らず、住む所も定かでなく、ただ雲水《うんすい》（行脚僧）のように浮遊し、どの山であっても行ったことがない山はない。それゆえ人間ではなく、雲のような身なのである。一念を凝らしてその身を変化させると鬼の姿になる」とか、「輪廻から離れることができない妄執の雲が積もり積もって山姥となる」という説である。

ここで説かれているのは、仏教の影響を受けたかたちでの山姥の説明である。癒《いや》されることがなかった俗世での深い恨みや妬《ねた》みの心で山姥となったが、しかるべき供養の方策を講じてもらえるならば、妄執が解けて輪廻の苦しみから逃れ、極楽浄土へと導かれると考えられているからである。

　これに関連して思い出すのは、鎌倉時代の説話集を代表する『宇治拾遺物語』に見える、次のような話である。日蔵《にちぞう》上人が吉野山に分け入ったとき、一人の鬼に出会う。その鬼は、背丈が二メートル以上もあり、「身の色は紺青《こんじょう》にて、髪は火のごとくに赤く、くび細く、むな骨はことにさしでて、いやめき、腹ふくれ、脛《すね》は細く有ける」という姿かたちをしており、自分の身の上について、次のように語る。

「私は四、五百年も昔の者であるが、人に恨みを抱いてこのような鬼になった。敵を思い通りに取り殺し、その子や孫、曾孫《ひこ》、夜叉孫までも探し出しては取り殺してきたが、今はもう取り殺すべき者もいない。そこでその者たちの生まれ変わった後までも探し出して取り殺そうと思うが、その生まれ変わりの所も姿もわからないので、取り殺すことができない。しかし、恨みの念は相変わらず燃えたぎっているので、こうして一人で山の中で苦しんでいる」

　能の《山姥》がこうした山の中の鬼の系譜を引いているのは明らかだろう。ところが、興味深いことには、山姥の正体について、この作品では、以下のような民間伝承的な色彩の濃い説明も「所の者」と「従者」とのやりとりのなかでなされている。すなわち、一番目の説は、ドングリが熟して谷にひょこひょこと転がり落ち、それに木の葉が取りついて魂が入り、山姥となるというものである。二番目の説は野老《ところ》（山芋）に塵芥《ちりあくた》が取りついて手足や胴、目鼻ができて山姥となるというもので、三番目の説は山中の砦《とりで》の木戸が朽ち果てて、それに魂が取りついて頭や手足、胴体ができて山姥となるという説である。

このなかで、一番目と二番目の説は、山の中の植物などが合体して妖怪《ようかい》化するという考えで、山という自然に根ざしたもっとも素朴な説だと思われる。三番目の説はいわゆる道具の妖怪「つくも神」のたぐいであって、「つくも神」の歴史に即していえば、中世以降の妖怪観を反映したものといえる。

このような中世後期と思われる山姥観を継承しているのが、近代になって民間で採集された昔話のなかに登場する山姥たちである。たとえば、「食わず女房」や「牛方《うしかた》山姥」「三枚の護符」といった話に出てくる山姥は、美しい女に化けて人間の男のもとに現れ、最後はその者を取り殺して食べてしまおうとする怖ろしい鬼の仲間として描かれている。

しかも、昔話ではこうした山姥＝鬼女の正体を「蜘蛛《くも》」とみなす場合が多い。これは中世の絵巻『土蜘蛛草紙』やこれに題材をとった能の《土蜘蛛》に見出《みいだ》される「土蜘蛛」にも通じている。というのは、この土蜘蛛の妖怪は、美しい女に化けて源頼光

山姥（鳥山石燕『画図百鬼夜行』国立国会図書館蔵）

の前に出現し、頼光に斬られて逃亡するものの、追ってきた頼光たちに反撃するために、巨大な鬼となって再び現れているからである。

その一方、能の《山姥》のなかの山姥の特徴として見逃せないのは、山姥がこうした鬼の系譜を引きつつも、「人間の世界と交わるときは、たとえば、山人が重い薪《たきぎ》を背負って山を下るときはその手伝いをしたり、あるいは機織りする女の家に入って糸くりの手伝いをする」といった好ましい行いにも言及している点である。

この特徴は、やはり民間伝承の山姥にも見出されるもので、心優しい正直者が山姥に助けられて富を得て幸せになるという話も多いのである。その意味では、山姥は中世から近代まで、怖ろしい鬼・化け物と福の神という両義的な性格を保存してきたといえる。

山姥は母性のシンボル

これまで、研究者の多くは、こうした山姥の両義性のうち、福の神の側面を古代の山の神＝女神信仰の名残であろうと解釈してきた。言い換えれば、そうした女神信仰の衰退・変容あるいは鬼信仰との習合の結果、鬼女＝山姥のイメージが後になって造形されたというわけである。

なるほど、「山姥」の前身（前史）としての山の神＝女神説は傾聴に値する。しかし、そうした説はしょせんは前身（前史）の一つを想像しているにすぎない。これにならって言えば、「鬼女」もまた同等に「前身」と言わねばならない。

　留意したいのは、「山姥」という語が登場するのは中世後期だということである。それ以前には「山姥」は存在していないのだ。ということは、その頃になって初めて「山姥」というイメージが形成されたのである。しかも、そのイメージは当初から両義的な性格を帯び、イメージの形成にあたっては山の神＝女神や「鬼女」だけではなく、それを含めた多様な要因が考えられていた。

　そして、中世に形成されたこうした「山姥」像に関する知識が、お伽草子《とぎぞうし》の『花世《はなよ》の姫』の物語に登場する「山姥」や能の《山姥》、さらには能の影響を受けて作られ人気を博した、近松門左衛門《ちかまつもんざえもん》作の『嫗山姥《こもちやまんば》』の山姥などを介してだんだんと広く流布していったのである。

　とくに『嫗山姥』では「金太郎」（坂田金時）の母が山姥であったとする、後に人口に膾炙《かいしゃ》するエピソードが語り出された。そこでの金太郎の母＝山姥は、外部の者に対しては怖ろしい側面を発揮するが、息子には限りなく優しい母として描かれている。

　ミュンヘン大学の日本研究者ユタ・ハウザー氏は、こうした山姥のイメージを研究し、従来の山の神＝女神の衰退説に異を唱え、山姥の「前身」は「鬼女」であったが、時代を降《くだ》るにつれて「母性」を強調した存在へと変貌《へんぼう》を遂げていった、と主張している。納得のいく説明であり、おそらくその契機になったのが『嫗山姥』なのであろう。要するに、山姥が母性のシンボルになっていったのは、近世以降のことであったのである。

ところで、能の《山姥》のゆかりの地として、新潟県西頸城郡《にしくびき》青海町《おうみ》と長野県上水内郡《かみみのち》中条《なかじょう》村が名乗りを上げている。青海町は町内に上路の集落をもち、能でもこの山中に足を踏み入れたところ山姥が現れたことになっているので納得がいく。近くの白鳥山《しらとり》（一名金時山）が山姥の棲《す》んでいた山であるといい、山頂近くには山姥の棲んだという洞《ほら》があり、里には山姥の社も祀られている。しかし、こうした遺跡や祭祀《さいし》施設は、能の《山姥》や『嫗山姥』の人気にことよせて作られたものであって、それ以前からのものとは思われない。

一方、中条村は上路とは遠く離れた善光寺に近い村である。この村が能の《山姥》ゆかりの地であるということを言い出したのは、それほど古いことではない。おそらく、村おこしの素材を探していた地元の人びとが、中条村が北陸からの善光寺参詣道にあたっていたことに着目し、「山姥」を村の北に位置する虫倉山《むしくら》に引き寄せたというのが本当のところなのだろう。

もっとも、引き寄せるにあたって、まったく「根拠」がなかったわけでもない。もともと虫倉山には、「大姥《おおば》様」（虫倉明神）として地元で愛されてきた女神の山の神が祀られていたからである。この大姥様をめぐる伝承のなかに『嫗山姥』などの先行山姥説話を取り入れ、大姥＝山姥説が生み出されることになり、『嫗山姥』の素材の一つになっていた能の《山姥》をもこの地に引き寄せたのである。

山姥の棲む世界は、特定の山ではなく、「山」と呼ばれる領域（＝異界）すべてなのである。それを山姥が廻った山々と言い換えてもいいだろう。

「山姥」とは何か。それは、山という自然がはらんでいる、人間にとってのマイナスの側面とプラスの側面の双方が、つまり山の根源的で原初的エネルギーのようなものが凝集・造形化した結果のイメージなのであろう。

天人の棲む世界――天界の王は鬼か

山間の湖に天女が舞い降りる

能の《羽衣《はごろも》》は駿河《するが》国の三保《みほ》の松原（有度《うど》の浜と呼ばれていた海浜にあった）に伝わる羽衣伝説に素材を求めたもので、天女の舞を中心としている。

白龍《はくりょう》という名の三保の松原の漁師が、浜の景色を眺めていたところ、松の枝に美しい衣が掛かっているのに気づき、「これは尋常の衣ではない。古老にも見せて何かを教えてもらい、できれば家の宝にしよう」と思って自宅に持ち帰ろうとする。そこに天人が現れて、「それは天人の羽衣であって、人間に与えることができないものである。もとのところに戻すように」と言う。漁師の白龍はこれを聞いて大いに喜び、「そのようなものならば、国の宝にしよう」と言って返却を拒む。天人が「羽衣がなくては天に帰れない」と嘆き悲しむので、白龍はその様子に哀れを感じて、羽衣を返す。天人は大いに喜び、そのお礼にと、霓裳羽衣《げいしょううい》の曲を奏し、東遊《あずまあそび》の駿河舞などを次々に舞い、「さまざまな宝をこの国に降らそう」と言い残して天上世界へと去っていく。

三保の松原（有度の浜）の天人降臨・羽衣伝説は、平安時代の『後拾遺和歌集』や『童蒙抄《どうもうしょう》』に、有度の浜に天人（神女）が天降《あまくだ》って東遊をした、という記述があるので、そうとう古くから語られていたようである。たとえば、平安中期の歌人・能因《のういん》法師は「有度浜にあまのはごろもむかし着て振りけむ袖《そで》やけふのはふりこ」と歌っている。

《羽衣》の原拠が何であったのかを考える上でもっとも参考になると思われるのは、江戸初期の儒学者・林羅山《はやしらざん》の『本朝神社考』の記事だろう。その「三保」の項に、能の話によく似た、次のような話が載っている。

「案ずるに、風土記に古老伝えていわく、むかし神女あり、天より降り来りて羽衣を松枝にさらす。漁人拾得してこれを見るにその軽軟なること言ふべからず、いわゆる六銖衣《じゅい》か、織女機中の物か。神女これを乞《こ》ふ。漁人与へず。神女天に上らんと欲して羽衣なし。是に於《おい》て遂に漁人と夫婦となる。けだし已《や》むことをえざればなり。その後いったん女羽衣を取って雲に乗りて去る。その漁人また登仙すと伝ふ」

要するに、漁師に羽衣を隠されてしまって、天女はやむなくその妻になったが、やがて羽衣を発見すると、すぐさま天に帰ってしまった。しかし、漁師は妻のことが諦《あきら》められず、彼女を追って天に上った、というのである。

さて、《羽衣》のなかに刻み込まれている「異界」とは、いうまでもなく、天女の棲《す》んでいる「天上界」であろう。しかし、残念なことに、能の《羽衣》には、天女の世界がどのようなものかはまったく描かれていない。したがって、他の「天人女房譚《たん》」などを手がかりに、天女の棲む世界を類推するしかない。

天人女房の伝説や昔話など、いわゆる「天人女房譚」は、全国各地に広く分布している。そのなかでも、三保の天女伝説と並んで有名なのは、『近江国風土記』の逸文と考えられている、近江国伊香郡余呉郷《いかごのこおりよご》に伝わる次の伝承だろう。

八人の天女が白鳥の姿で天から降りてきて、湖で水浴びをしていた。伊香刀美《いかとみ》という男がこれを見て、連れていた白い犬を使って一枚の羽衣を盗み出して隠してしまう。七人の天女は自分の羽衣を着けて天に帰るが、羽衣を失った天女は天に帰ることがかなわず、やむなく伊香刀美の妻になり、男二人、女二人の子をもうける。後に天女は羽衣を探し出して天に帰ってしまう。

この話で注目したいのは、三保の松原とは異なり、山間の湖が天女降臨の舞台となっていることである。また、犬を連れているので、伊香刀美は猟師であったらしいことがわかる。意外に思われるかもしれないが、「天人女房譚」は海岸部よりも内陸地方に濃密に分布していることがわかっている。この余呉の天人女房譚は、その種の最古の事例とも言えるのである。

時代の降《くだ》った近世の記録であるが、やはり近江の余呉地方に、前述の伝承の変形とも考えられる、次のような話が伝わっていた。

昔、天女が天降って水浴びをしていた。「きりはた太夫《たゆう》」という者がこれを発見して、その羽衣を隠してしまう。天に帰れなくなった天女は、きりはた太夫の妻になる。やがて男の子が生まれる。ある時、太夫が羽衣を虫干ししたことがきっかけとなって、妻の天女に羽衣を発見され、天女は天に帰ってしまう。この天女の産んだ子が、後の菅原道真《すがわらのみちざね》である。

この話は関西地方では菅公《かんこう》誕生伝説として広く知られていたのであるが、ここではそれはさておき、私が注目したいのは、羽衣を盗み隠した「きりはた太夫」という名前である。じつは、「きりはた」とは「焼畑耕作」のことなのである。つまり、この太夫は焼畑耕作者であったらしい。余呉の天人女房譚は、漁師ではなく山に入って仕事をする猟師や焼畑耕作者と深い関係をもった伝承だったのである。しかも、このような特徴は余呉地方固有のものではなく、各地に伝わる「天人女房譚」にかなり広く見出《みいだ》されるものであった。

天女の父は鬼!?

ところで、「天人女房譚」にはさまざまなタイプがあるが、そのなかに、妻の天女を追って天界にまで上り、そこで天女の父からさまざまな試練を課せられる、という興味深い内容をもったタイプの話群がある。それはいわば「天人の配偶者となった者の、天界訪問譚」であって、それを検討することで「天界」の様子をうかがい知ることができるというわけである。

天界まで妻を追っていった昔話群は、説話研究者のあいだでは「天人女房譚・難題（天界訪問）型」などと呼ばれている。というのは、前述のように天界を訪れた夫が、天女の父にさまざまな難題＝試練を課せられるからである。話の内容は、世間では「七夕《たなばた》」の起源伝承として知られているものである。その話をひもといてみると、まことに興味深い天界像が浮かび上がってくる。典型的な「天人女房譚・難題（天界訪問）型」のなかの、天界で難題を課せられる部分を次にみてみよう。

羽衣を発見した天女の妻は、夫が天に来る方法を書き残して、天に帰る。夫は妻を追って天に上る。妻は歓迎したが、彼女の父（天界の王）は娘の夫になるための試練を次々に課す。まず、千町歩の山の木を伐《き》り開け、と命じる。それを妻の援助で切り抜けると、木を伐った山を焼いて来い、と命じる。これも妻の助力で切り抜けると、今度は、その山に瓜《うり》を植えて来い、と命じる。これまた妻の助けで切り抜けると、それを取り入れて来い、と命じる。

妻には、瓜を食べてはいけない、と言われていた。だが、喉《のど》が渇いてうっかり鎌で

「七夕のさうし」(専修大学図書館蔵)　天の川に阻まれた男女が、鬼(父)の許しを得て7月7日だけに会うことができる

瓜を割ると、中から大水が出て、夫は流され、二人は大水でできた天の川によって仲を引き裂かれてしまう。その後、父からは一年に一度だけ七月七日に会うことが許される。その日が七夕の日である。

おわかりだろう。天女の父から与えられた一連の試練は、山を伐り開いて焼畑耕作をするプロセスに対応しているのである。こうして、天人の世界とはどのような世界なのかという問いに対する、ある程度の答が出てきたわけである。

つまり、広く日本各地に分布する典型的な「天人女房譚・難題(天界訪問)型」に従えば、天女が棲んでいる世界＝異界は、「焼畑耕作をする世界」だということになる。

ここで私たちは微妙な問題を考える必要がある。もし天女の世界が焼畑耕作をする世界だとすれば、このような話を生み出した、もしくは伝承してきた人びとは、焼畑耕作の世界に対して「距離」を感じている人びとだ、ということである。すなわち、稲作耕作を主体とする里から山間の焼畑をする人びとの世界を眺めることのなかから生まれた伝承らしいのである。

たとえば、天女が羽衣を納戸の稲藁のなかから発見した、と語る事例もかなり見られる。このように考えると、余呉の「きりはた太夫」は、かつては天人の世界＝焼畑耕作者の世界に赴いて焼畑の技術を習得してきた「文化英雄」とみなされていたのかもしれない。

もう一つ、天女の父のイメージについて考えてみよう。「天人女房譚・難題（天界訪問）型」の昔話の伝承者たちが、天女の夫に試練を課す天女の「父」をどのような姿かたちをした人物として想像したのかは定かではない。ただ、「婿」に厳しい「父」と考えていたことは間違いないだろう。民間では、この昔話は口頭伝承で、絵画化されることはなかった。

しかし、京都のような都市では、室町時代以降、こうした民間の口承文芸を素材にした絵物語が作られた。このとき、絵師たちは天界のイメージを造形し、天女の父あ

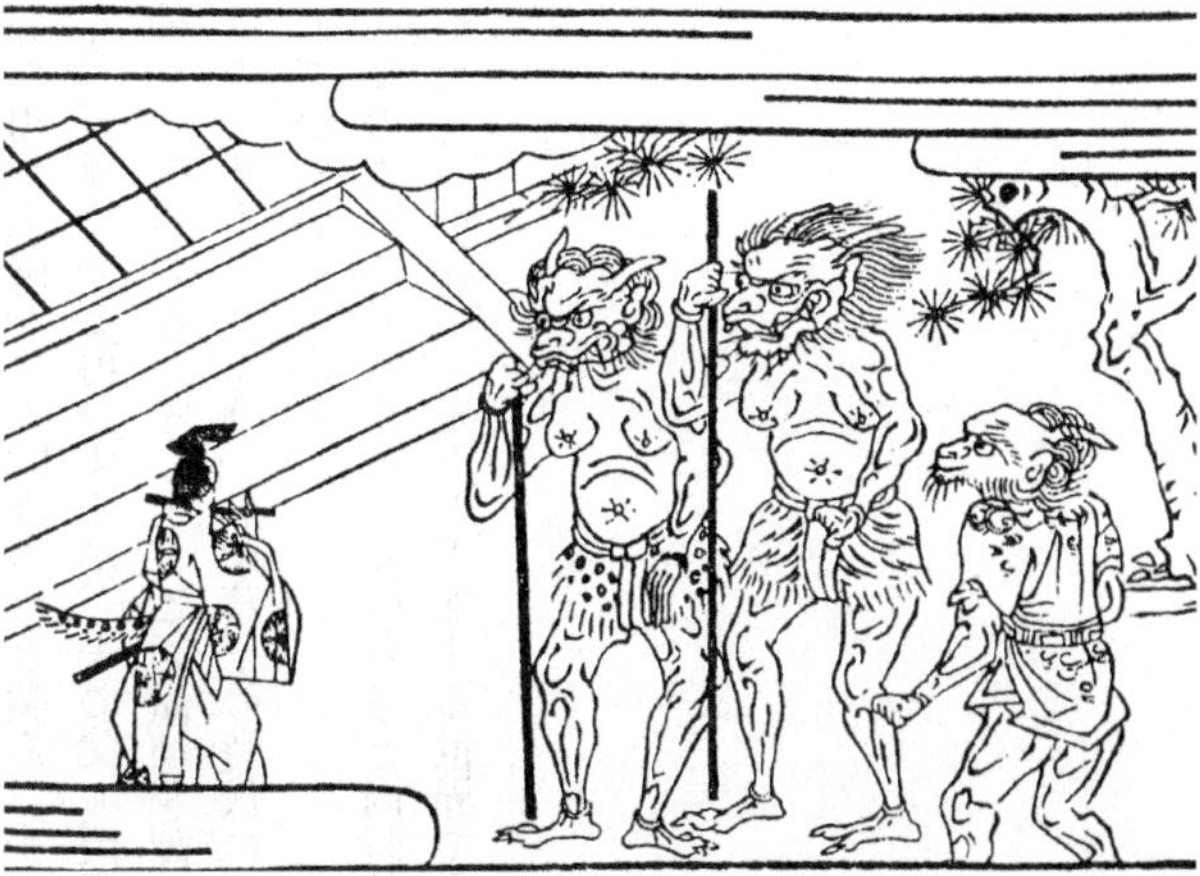

『御曹子島渡』に登場する源義経と鬼たち

るいは天界の王を絵画として造形する必要に迫られた。興味深いことに、その結果、絵師たちが天界の王＝天人の父を「鬼」として描いたのであった。

たとえば、「朝日天女」という女性が登場するお伽草子《とぎぞうし》『御曹子島渡《おんぞうししまわたり》』という物語がある。これは、御曹子義経が鬼王「かねひら大王」の棲む蝦夷が島（あるいは千島）に赴き、兵法書「大日の法」を、鬼王の娘の朝日天女の援助で盗み出すという話である。

あるいはまた、お伽草子『天稚彦《あめわかひこ》草子絵巻』や『七夕之本地絵巻』に描かれた天界の王も「鬼」である。これは、「天人女房譚・難題（天界訪問）型」の構造をもちながらも、主人公が男に変わっている話である。すなわち、天界の男が天降って人間界の女と契る。やがて男は天に帰る。夫を慕って妻も天界に赴く。天界で夫と再会するが、夫の父＝天界の王に発見され、例によってさまざまな試練を課せられる。そして、この試練を課す天人（男）の父は「鬼」として描かれているのである。つまり、お伽草子の時代には、天界は鬼王の支配する世界として認識されていたわけである。

このように考えると、お伽草子と同時代に作られた能の《羽衣》の作者が思い描いた天女の世界も、鬼王の支配する世界であったのかもしれない。

富士山 ── 天界と地下界につながる「世界山」

神格化された富士山

富士《ふじ》山が現代の日本人にとって特別の山であることは、いまさら言うまでもないだろう。それは日本という国土を象徴する山なのである。しかし、こうした象徴性は大昔からのものではない。おそらく近世あたりから準備され、近代になってさまざまなメディアを通じて形成されたものである。

それでは、信仰の山としての歴史はどうだろう。富士山信仰の歴史をひもといてみると、意外にも、あまりにも高くまた単調な山容のためだろうか、信仰の場として利用しにくい山であったらしいことが浮かび上がってくる。

富士山を神格化した物語は、早くも八世紀初めの『常陸国風土記』に登場する。さまざまな地方を巡り歩いていた祖神が、富士の神に一夜の宿を求めたところ、収穫の祭り（新嘗祭《にいなめさい》）のための物忌《ものい》みをしているという理由で断られる。一方、筑波《つくば》の神はそれにもかかわらず酒食を供してもてなした。この結果、富士山はいつでも山に雪が降って人びとは登山できないのに対し、筑波山には人びとの登山がひきもきらず、歌舞飲食の集いが絶えることはなかった。

つまり、富士山には祖神の祟《たた》りのせいでいつも雪が積もっているのだ、というのである。この話が記載されているのが『常陸国風土記』なので、筑波山を賞賛するのは当然だが、それを差し引いても、当時の人びとが富士山に抱いていたイメージの一端を伝えているように思われる。

さて、能の《富士山》だが、これは富士山が聖地であることを、かぐや姫＝浅間《せんげん》明神伝承によって語った作品である。

唐の昭明王の勅使が日本にやってきて、「まるで仙郷（仙人の棲《す》む場所）のようなところだ」という印象を抱き、昔、日本に来た中国の方士《ほうし》（道教の専門家のことだが、ここでは徐福《じょふく》のことが想起されている）が、富士山で不死の薬を得たという先例があるのを思い出し、その旧跡を訪ねることにする。富士の裾野《すその》に着くと、田子の浦あたりの海女らしき者が大勢来て、富士山の美しさや、そこが他の霊山などとは異なる特別に聖なる山であることを語り聞かせ、「望みの不死の薬を与えるので、しばらく待ちなさい」と言って、富士山に立ちのぼる雲とともに姿を消してしまう。

しばらくすると、富士山の雲が晴れ、金色の光が天地に満ち、富士山の山神である「火の御子《みこ》」と「かぐや姫」（浅間明神）が示現する。火の御子が輝くばかりに美しい

富士山本宮浅間大社の社殿(写真提供　富士山本宮浅間大社)

かぐや姫に、「この中国から来た勅使に不死の薬を与えよ」との神託を下し、祝福の舞を舞い、かぐや姫は山頂へ、火の御子は空高く去っていく。

「富士」が「不死」に由来すると説いた最初の伝承は、「かぐや姫」の物語として知られる『竹取物語』である。竹から生まれたかぐや姫は、その美貌《びぼう》の噂を聞いた者たちからの求婚を次々に断り、ついには帝《みかど》の求婚までも拒絶して、故郷である天界に帰っていく。姫に去られて傷心の帝は、姫が形見に置いていった不死の薬ももはや不要だと思い、天にもっとも近い駿河の山で燃やすように、たくさん(＝富)のつわもの(＝士)に命じた。このため、この山は「ふじ」(不死と富士が掛けられている）と名づけられ、いまでも山頂では薬を燃やした煙がたなびいている。

『竹取物語』では、帝の求愛も成就していないし、かぐや姫は富士山から天に昇ったわけでもなければ、不死の薬がある仙郷と語られているわけでもない。ところが、興味深いことに、かぐや姫をめぐる伝承は、後世になると変容して、『竹取物語』とは大きく異なる内容の物語になっていく。たとえば、室町時代に成立した説話集『三国伝記』には、次のように記されている。

駿河国富士郡の竹取翁《おきな》が見つけた鶯《うぐいす》の卵から女の子が生まれ、かぐや姫と名づける。やがて帝に迎えられて后《きさき》となる。だが、七年後に、かぐや姫は「じつは私は天上界の天女です。地上での縁も尽きた」と告げて去っていく。この話では、かぐや姫は鶯の化身であり、帝の求婚を受け入れている。

また、『臥雲日件録《がうんにつけんろく》』（室町時代の禅僧・臥雲の日記）には、次のように語られている。

天智天皇の代に、富士山中に住む竹を売る翁が、鶯の巣の中の卵を持ち帰ったところ、それが化して女の子になったので養い育てていた。このことを聞いた帝の勅命で后に召され、名をかぐや姫といった。

ある日、姫は帝に「宿縁があって人間界に来たが、いまはもう天上界に帰らねばならない」と告げ、不死の薬・天葉衣（木の葉で作った衣）・化粧鏡を奉り、「もし私を見たいと思ったら、この鏡を見てほしい。鏡の中に私の姿を必ず見出《みいだ》すでしょう」と言って去る。その後、帝は天葉衣を着て富士山頂に飛んでいき、そこで不死の薬と鏡を焼いた。その煙は天まで届いた。

この話でもかぐや姫は鶯の化身であり、帝が富士山に赴いて不死の薬を焼いた、と語られている。

能の《富士山》も、こうした中世に変容を遂げた「かぐや姫」伝承をふまえて作られたものであり、そのことは、作品のなかで次のように謡われていることからもわかるはずである。

「……竹林の王妃として、皇女に備はり、鏡に不死薬を添へつつ、別るる天の羽衣の雲路に立ち帰つて、神となり給へり。帝その後かぐや姫の教へに随《したが》つて、富士の高嶺《たかね》の上にして、不死の薬を焼き給へば……」

鎮火への祈りが神格化

富士山の信仰の中心は、富士山の西南麓《ろく》に位置する富士宮《ふじのみや》市宮《みや》町の「富士山本宮浅間大社」である。主祭神はコノハナサクヤヒメだが、この女神がかぐや姫なのだとも考えられている。

もともと「浅間の神」は古くからのもので、平安時代の『延喜式』にも、すでに大社として「浅間神社」の名が登場している。能の《富士山》のなかでも、かぐや姫は

「浅間明神」であり、山神は「火の御子」と名乗っている。ここで不思議なのは、山の名前が「富士」なのに、なぜ「富士明神」とならずに「浅間明神」となったのか、という点である。

先学の研究によれば、富士の山神はもともと女神と考えられており、「水の神」としての性格が強かった。ところが、たびたびの噴火によって「火の神」としての性格が優勢になった。すなわち、鎮火への祈りが「浅間の神」や「火の御子」という神格を生み出し、それが元来の神である「富士の神」をマイナーな神格にしていった、というのである。

これに関連するものとして、「阿蘇《あそ》」「浅間《あさま》」「朝日《あさひ》」といった「あ」系の名を持つ山は火山が多いが、これは「あ」という語が光や火を意味しているからではないか、という説もある。

ところで、日本の多くの霊山は遠くから山を拝してそこから聖性を感じ取る「遥拝《ようはい》」型の信仰を基礎にしながら、山に分け入り登ることで聖性を得る「登拝《とうはい》」型の信仰、つまり修験道系の信仰が加わることで、その内容を豊かなものにしてきた。だが、富士山の場合、後者の信仰の展開が比較的遅く、しかもあまり発達しなかったようである。

富士修験道の伝説上の開祖は、多くの霊山がそうであるように、役の行者に求めら

『絹本著色富士曼荼羅図』(富士山本宮浅間大社蔵)

れるが、史実の開祖的人物は「末代上人《まつだいしょうにん》」と呼ばれる修験者であった。彼は、平安時代末期に、富士登山を数百度も行い、山頂に大日寺《だいにちじ》を建て、鳥羽法皇の帰依を受け、大般若経を山頂に埋めた、と記録されている。

こうした修験者たちの努力によって、しだいに富士山にも密教的宇宙観による解釈が施されるようになっていく。すなわち、富士山は智を象徴する金剛界と理を象徴する胎蔵界の両部を表す山とか、頂上は八葉蓮華《はちようれんげ》(仏が座る八枚の花弁をもつ蓮)にしてその内には神池を湛《たた》え、四季折々を一時に顕《あらわ》す「四季の景色」を持つなど、仏教的な意味合いの強い美辞麗句で飾られるようになり、富士の神は浅間明神から浅間大菩薩へ、さらには密教の本尊たる大日如来へといった読み替えもなされることになったのである。

富士修験道の拠点は富士宮市元村《もとむら》山にあった僧坊群で、中世にはかなりの勢力をもったが、近世には衰えていった。江戸中期以降は、江戸を中心に爆発的に信者を集めていった、山麓の「人穴《ひとあな》」(洞窟《どうくつ》)で修行した末に断食入定《にゅうじょう》した身禄《みろく》行者を崇拝し、極楽浄土＝弥勒世の到来を希求する「富士講」にとって代わられる。

こうした富士の修験やその延長線上に発展した富士講と関係すると思われるお伽草子系の説話として想起されるのが、源頼朝《よりとも》の家臣・仁田四郎《にったしろう》が富士の人穴洞窟に入り、富士浅間大菩薩の案内で、地獄や極楽などの六道巡りをして帰還するという、『富士の人穴草子』である。富士山の裾野には、迷宮のような樹海が広がり、さらにその向こうの山腹のあちらこちらに、地獄や極楽に通じる人穴もあった。修験道系の行者は、富士山の単調な山容を前にして、山頂への登山に飽きたらず、その修行場をさらに人穴に求め、その奥に極楽や地獄を見出そうとしたのであった。

　このように、富士山は天上界とも地下世界ともつながった、宗教学でいう「世界山」ともいうべき聖地であった。

立山——あの世の地獄がこの世に出現

《善知鳥》が描く立山

越中国の立山は、平安時代から山中に地獄があり、現世で罪を犯したものはこの山の地獄に送られて責め苦しめられる、と信じられていた。能の《善知鳥《うとう》》は、そのような信仰をもった聖地である立山を描き込んだ作品である。

それでは、立山とはどのような性格の霊山なのだろうか。まず、少し長くなるが、開山伝説を見てみよう。

文武天皇（大宝《たいほう》律令を制定したことで知られる）の頃、越中の国が乱れたので、佐伯《さえき》有若《ありわか》を国司に任じて派遣した。赴任の途中、白い鷹《たか》がどこからともなく飛んできて腕に止まったので、有若はこれを瑞祥《ずいしょう》（めでたいしるし）とみて驚喜した。有若の治世によって越中は平安を取り戻したが、有若は子種に恵まれないことを悩んでいた。ある日、奥方の枕元に刀尾《たちお》明神と名乗る神が立って、「子宝を授けてやろう」と告げる。やがて奥方は懐妊し、玉のような男の子を生み、有頼《ありより》と名づけられた。

有頼が一六歳になったとき、父が大事にしていた白鷹を密《ひそ》かに持ち出して鷹狩りに出かけたところ、その鷹が逃げ出してしまう。鷹を追って山中をさまよっていると、森尻《もりじり》権現という神が現れて、「求める鷹は辰巳（東南）の方角にいる」と告げる。その教えに従って山中奥深く入ると大きな岩があり、その上に右手に刀、左手に数珠《じゅず》を持った老翁が立っていた。老翁は刀尾明神と名乗り、求める鷹は大《おお》川の対岸に止まっている、と告げる。

有頼が見ると、対岸の大きな松の木に羽を休めている鷹がいる。声をあげてさし招くと鷹は飛び来たったが、突然現れた大きな熊の吠え声に驚いて再び飛び去ってしまった。怒った有頼が熊を射ったところ、血を流しながらも走り去る。その跡をたどっていくと、清水が湧く池に出た。有頼はそこで三人の姥神《うばがみ》の夢告を得る。「お前の求める鷹は東の山上にいる。しかし、そこに至るには七日七夜かけて登らなければならない」

苦行をいとわずに有頼が登っていくと、あの憎らしい大熊が洞窟《どうくつ》に駆け込む姿が認められた。刀を手に洞窟に入っていくと、なんとそこは光明が燦然《さんぜん》と輝く極楽の霊境で、阿弥陀如来と不動明王が鎮座していた。しかも阿弥陀如来の胸には有頼が放った矢が刺さっていた。

有頼は、我が罪を恥じて自死しようとする。だが、両尊はこれを押しとどめ、次のように告げる。

「すべてはこの山を開いて衆生を救うため、ここにお前を招くためのものであった。この地は峰は九品の浄土、谷は地獄の形相を現している聖なる山で、阿弥陀如来はイザナギノミコトの本地(本来の姿)、不動明王はタヂカラオノミコトの本地である」

これを聞いて感涙した有頼は、すぐさま髪を切って仏に帰依することを誓って下山した。その後、勅命を得て山中に岩峅寺《いわくらじ》や芦峅寺《あしくらじ》をはじめとする仏閣を建立した。岩峅寺は刀尾明神が現れた岩があったところに、芦峅寺は三人の姥神が示現した清水のあったところに建てられた。

この開山縁起が作られたのは、近世になってのことである。しかし、それゆえに立山の信仰の歴史が凝縮して描き込まれていると思われる。すなわち、立山のもっとも原初的な神の面影を伝えているのは「刀尾明神」である。「刀尾」の「たち」は「立山」の「たて」と関係し、おそらく地元の猟師たちに支えられた神であったと思われる。

その後、地元の信仰に限定されていた原初的「立山」信仰が、古代の律令制国家のなかに組み込まれていった。にわかには判断しえないが、そのときに「刀尾明神」は「イザナギノミコト」や「タヂカラオノミコト」に主神の位置を譲ることになったのだろう。

そして、その後、全国各地の霊山がそうだったように、この山に入った、山岳で修行する仏教系の宗教者の手によって神仏習合の信仰が生み出されることになったのである。その結果が、阿弥陀如来や不動明王を中心とした仏たちが守る山としての立山権現の成立というわけである。彼らの末裔《まつえい》が立山修験道の担い手となった宗教者である。

ところで、すでに述べたように、立山は平安時代からあの世の地獄がこの世に現出した空間として有名であった。これは火山活動がもたらした立山の大日岳付近の谷、すなわち現在の地獄谷の様相が、地獄を思わせるほど凄《すさ》まじい光景であったからである。その様子は、たとえば『今昔物語集』の「修行僧越中立山に至りて小《わか》き娘に会ふこと」には、次のように描かれている。

遥《はる》かに遠く広々とした高原があって、その谷には百千もの湯があり、深い穴から湯が湧き出ている。岩石がその穴をおおっているが、沸騰した湯が岩石のすき間からほとばしると、岩石が動揺する。熱気が充満し、そばに近寄ると身の毛がよだつほどである。また、高原の奥の方に大きな火の柱があり、つねに燃え上がっている。ここには高い山があり、帝釈獄《たいしゃくだけ》（別山《わけやま》）と名づけられている。そこは帝釈天や地獄の冥官《みょうかん》たちが集まって、衆生の善悪の行いを協議して決めるところだと言われている。そして、昔から、日本国の者で罪を作ったたくさんの人がこの立山の地獄に堕《お》ちている、と言

大楽寺本地蔵十王図　地蔵菩薩（富山・大楽寺蔵、
写真提供　富山県［立山博物館］）

大楽寺本地蔵十王図　伝秦広王（富山・大楽寺蔵、写真提供　富山県［立山博物館］）

大楽寺本地蔵十王図　閻魔王（富山・大楽寺蔵、
写真提供　富山県［立山博物館］）

大楽寺本地蔵十王図　伝泰山王（富山・大楽寺蔵、写真提供　富山県［立山博物館］）

い伝えられてきた。

今日では立山に匹敵する山中の光景をもった山は、他にも見出《みいだ》すことができる。しかし、その当時は、京都からそれほど遠くない山で、これほどの凄惨《せいさん》な雰囲気をもった山は他に見出せなかったのだろう。だからこそ、この山の地獄谷が有名になったのだ。

罪を犯した死者が送り込まれてくる

こうした山中地獄思想が広まると、それに基づいた物語が作り語られるようになる。そして、それがまた立山地獄の思想を広めることにもなった。前述の『今昔物語集』の話も、そうした立山地獄伝承を背景にして生み出された物語である。

京都・三井《みい》寺の僧が各地の霊場を巡って立山にも参詣《さんけい》にやってくる。地獄谷を見て回っての帰り、山中で若い女性に呼び止められる。じつは、この女は亡霊で、もとは近江国蒲生《がもう》郡の仏師の娘であった。この仏師は商売目的だけで仏像を作り、信仰心がなかった。そのために、娘も亡くなってから立山地獄に堕とされることになったのだった。女は、この苦しみからの救済のため、法華経の書写供養を父母にしてほしい、と伝えてもらうために出現したのである。

僧は不思議に思ったが、頼まれたとおりに言われたところに出向いていくと、たしかに父母は実在していた。そこで僧は立山の出来事を伝え、父母がさっそく娘のために書写供養をしたところ、父の夢に娘が現れて、法華経の威力で立山の地獄から忉利《とう り》天《てん》(帝釈天のいる世界)に生まれ変わることができた、と告げる。

このほかにも『今昔物語集』には、母を亡くした子どもたちが、あの世での母の様子を想像するとともに母の死を受け入れるために立山に登り、地獄谷で責め苦を受けている母と言葉を交わし、母がそこから逃れるためには法華経の書写が必要であることを教えられる、という話も載っている。つまり、この山の地獄は全国から生前に罪を犯した者が送り込まれてくるところであって、それゆえこの山はその亡霊に出会えるところともみなされていたのであった。

もちろん、地獄に堕ちた者は未来永劫《えいごう》にわたってこの地獄にとどまらなければならないわけではない。仏教に帰依することによって浄土に生まれ変わることができた。そこにこそ、このような地獄思想を扱った説話の核心があった。実際、立山では、いつ始まったかは不明だが、近世には「布橋大灌頂《ぬのはしだいかんじょう》」と呼ばれる浄土入りを模した儀礼も行われていた。

さて、能の《善知鳥》だが、この作品もまたこうした立山の山中地獄思想、あるいは死者の赴く山という思想、そして仏教の供養によってそこから救済されるという思想を下敷きにして生み出された作品である。

諸国一見の僧が立山に参詣しての帰りの山中で、老人に呼び止められる。老人は前の年の秋に亡くなった奥州・外《そと》の浜の漁師の亡霊で、蓑《みの》と笠《かさ》を差し出して自分の供養をするよう妻子に伝えてほしい、と頼むために現れたのであった。僧は、老人が漁師であることの証拠として彼の衣の片袖《かたそで》を受け取り、はるばる外の浜まで赴く。子細を聞いた妻は、不審に思って証拠を求めた。僧が片袖を渡すと、それは紛れもない夫の形見の衣の一部であった。

なぜ漁師は地獄に堕ちたのだろうか。それは、生前、「善知鳥」という鳥を捕るために、親鳥が空から「うとう、うとう」と鳴くのに応《こた》えて、子鳥が地上から「やすかた、やすかた」と鳴くという習性を利用し、親鳥の鳴き声を真似して子鳥を捕っていたからである。その殺生の罪の故に地獄に堕ち、雉《きじ》に姿を変えた漁師が、鷹になった善知鳥に責めさいなまれていたのであった。

《善知鳥》の話の骨格は、前述の『今昔物語集』と変わらない。仏教の教えに従えば、殺生の罪を重ねた者は当然のごとくに地獄に堕ちる定めにあった。この作品もその地獄からの救済の物語であった。

興味深いのは、平安時代の末期には立山からそれほど遠くない近江国の女を主人公にしていたが、室町時代になると、奥州の最奥・陸奥湾に面する外ヶ浜の漁師の霊魂も、遠くはるばる立山まで来る、というふうにスケール・アップしていることである。

こうした物語が可能になった背景として、都の政権の支配がこの地にまで及び、その地についての知識が広く民間にも浸透していたこと、さらには漁師や僧の実際の移動もまた広域に及んでいたことなどが考えられるだろう。

白峯――最も恐れられた怨霊・崇徳院

怨霊の鎮め方

讃岐の白峯《しらみね》にある白峯寺《しろみね》（香川県坂出市青海町《さかいでおうみ》）は、能の愛好者ばかりでなく、怨《おん》霊《りょう》信仰に関心のある者にとっても見過ごしにはできない聖地である。というのは、保元の乱（一一五六）に敗れて讃岐に流されたまま亡くなった、崇徳院《すとく》（崇徳上皇）の陵とその廟所《びょうしょ》・頓証寺殿《とんしょうじでん》が寺の境内にあるからである。

崇徳院は、早良親王《さわら》（崇道天皇《すどう》）や菅原道真の怨霊と並び称される、日本歴史の最大級の怨霊として後世に名を残した天皇である。能の《松山天狗《まつやまてんぐ》》は、この崇徳院怨霊に素材を求めたもので、直接の典拠となったのは、僧・西行《さいぎょう》自らが記したという体裁をとる、鎌倉時代の仏教説話集『撰集抄《せんじゅうしょう》』の「讃州白峯之事」であるとされている。

西行は崇徳院と同時代人で、鳥羽院（上皇）の北面の武士であったが、俗世の乱れを嫌って二三歳で遁世《とんせい》した。また歴史的事実としても、生前の崇徳院と交流をもっていた。『撰集抄』の話は、そのような立場にあった西行が、讃岐の真尾坂《みおさか》の林という

白峯寺。崇徳院が祀られている

ところにやってきて草庵《そうあん》を結んだ折に、崇徳院の墓への参拝を思い立つ、という内容になっている。訪ねてみると、院の墓は茂った松のそばのみすぼらしいところにひっそりとあった。西行は、都におられたときの崇徳院の生活を思い浮かべる。

鳥羽院が亡くなったあとのことだ。関白・藤原忠通《ただみち》や鳥羽天皇の后《きさき》である美《び》福門《ふくもん》院、藤原通憲《みちのり》（信西入道）を中心とする後白河天皇グループと前関白・藤原忠実《ただざね》や藤原頼《より》長《なが》らの崇徳院グループの対立が深まり、ついに両者が衝突する保元の乱が起こる。結果は崇徳院側の敗北に終わり、頼りにしていた頼長を失った崇徳院は、思いもよらない没落の運命をたどることになった。西行はそのことを思って、世の無常さをあらためて噛《か》みしめる。

このように、この説話は世の無常さを語ることに重きを置いている。このため、崇徳院の怨霊は出現しない。ところが、能の《松山天狗》になると、西行は出現した崇徳院の亡霊と対面することになる。人口に膾炙《かいしゃ》していた崇徳院怨霊・天狗化伝説を取り入れた趣向にしたからである。「松山」とは崇徳院の配所（流された場所）があったところの地名で、「天狗」は崇徳院が大天狗になったという伝承に基づいている。《松山天狗》は、次のような話である。

崇徳院が亡くなった三年後に、西行は陵墓を訪ねることにする。その途中に一人の老人に出会い、二人で陵墓に向かう。陵墓に着いた西行は、その荒廃ぶりを嘆き、鎮

崇徳院　「天子摂関御影」より（宮内庁三の丸尚蔵館蔵）

魂の歌を捧げる。老人はじつは崇徳院の霊で、西行との再会を喜び、楽しい時を過ごすが、往時を思い出すにつれて怒りの姿に変わっていく。やがて雷鳴が轟《とどろ》き、あちらこちらの雲間から天狗が羽を並べて飛び降りてきて、崇徳院を慰める。崇徳院は白峯の相模坊天狗たちの忠誠に感激して機嫌を直し、その場から消え、天狗たちも去ってゆく。

《松山天狗》は、崇徳院の怨霊を白峯の天狗の首領として語っている。それでは、崇徳院の怨霊はどのようにして発生したのだろうか。どうして天狗となったのか。

怨霊発生の温床は、「亡くなった人が彼の敵をとても恨んでいるだろう。

その恨みが深いがために復讐《ふくしゅう》をしたい、恨みの念を晴らしたいと思っているだろう。神秘的な方法であの世から災厄を送りつけてやりたい、と思っているだろう」という思いのなかにある。つまり、怨霊は、亡くなった者の憎しみの対象になるであろう者＝いわゆる「加害者」の側の心の中や、その非業の死に同情を寄せる人びとの心の中に生まれてくるのである。そうした人びとが近辺に生じた災厄や不幸を、非業の死に方をした者の霊の仕業と判断したとき、怨霊や祟《たた》りが発生するということになる。崇徳院の場合も同様であった。

保元三年（一一五八）、二条天皇に譲位し、その後も院政をしいた後白河院は、崇徳院が亡くなった直後はその霊を恐れていなかった。罪人扱いのままの死に方にも反応しなかったのだ。

ところが、帝《みかど》が政務を執る大極殿まで焼失するという安元三年（一一七七）の京都の大火（愛宕の太郎坊天狗の仕業とされたので「太郎焼亡」と呼ばれたことはすでに述べた）や、治承《じしょう》二年（一一七八）の大火（太郎焼亡よりも小規模だったために「次郎焼亡」と呼ばれた）などをはじめとする相次ぐ災厄・社会不安の発生を、人びとは崇徳院の怨霊の仕業ではないかと噂するようになった。そうした事態を後白河院も深刻に受け止め、崇徳院の霊の供養を行うことになったという。

つまり、この時あたりから、崇徳院の怨霊化が始まったのである。讃岐の崇徳院の墓所を「山陵」と称し、周りに塀を巡らして清浄を保ち、その陵を守る者を配置したり、京都には神祠《しんし》が建立された。

このように、崇徳院の怨霊を鎮める方策として、名誉回復をしたり、神に祀《まつ》り上げることが行われた。だが、怨霊は容易には鎮魂できなかった。建久《けんきゅう》二年（一一九一）、後白河院が病気になり、またしても崇徳院の祟りであると考えられた。そこで、崇徳院陵のすぐ近くに頓証寺を建てて怨霊鎮めをしようとした。

やがて、こうした後白河の信仰活動＝崇徳院の怨霊化を背景にして、崇徳院の怨霊についてさまざまな物語が生み出されることになる。たとえば、その先駆となった鎌倉初期の『保元物語』には、崇徳院の後白河政権への呪詛《じゅそ》の場面が、次のように記されている。

崇徳院は、乱を起こして多くの犠牲者を出したことを反省し、指先から血を流して三年がかりで書写した五部大乗経を、京都の石清水《いわしみず》八幡宮へ奉納しようとした。ところが、これを後白河の側近である信西入道に拒まれてしまった。このため、崇徳院は経を地獄・餓鬼・畜生の三悪道に投げ込み、その力をもって日本の大魔縁《だいまえん》（人心を惑乱してさまざまな災厄を引き起こすこと）になり、「皇を取って民となし、民を皇となさん」と、舌を噛み切った血で大乗経の奥に誓いの言葉を書いて、海に投げ入れた、と。

また、『源平盛衰記』は、亡くなった崇徳院の白峯への埋葬の様子を、次のように描いている。都から白峯の山に崇徳院を葬るようにとの命令が下り、遺体を運んでいた途中、一天にわかにかき曇り、雷音鳴り渡り、激しい雨になった。人びとが柩《ひつぎ》を石の上に降ろして雨が上がるのを待っていたところ、柩から血がこぼれ出て、石を真っ赤に染めたという。

そして、さらに時代の降《くだ》った『太平記』になると、崇徳院は天狗の巣窟《そうくつ》である愛宕山に結集し、争乱を引き起こす謀議をこらしている天狗たちの頭領として描かれるようになる。

京都見物にやってきた羽黒山の雲景という山伏が、町で知り合った老山伏に愛宕山に案内される。愛宕山の仏閣に感心していると、老山伏はさらに、「せっかくここまで来られたのだから、愛宕山の秘所もお見せしましょう」と言って、本堂の裏の座主の僧坊と思われるところに案内した。なかに入った雲景は、恐ろしい光景を目にする。そこにはたくさんの人たちが集まっていた。老山伏の説明によれば、そこにいるのは、悲運の前世を送らざるをえなかった帝や高僧たちであった。最上座に座っている、金の鳶《とび》の姿をした方が崇徳院で、その脇に控えている大男が源為朝《ためとも》、その左右の座には配所の淡路から逃亡する際に没した、淡路の廃帝こと淳仁《じゅんにん》天皇、井上《いのえ》皇后、後鳥羽天皇、後醍醐天皇、玄昉《げんぼう》、真済《しんぜい》などといった面々で、天下を大乱に導くための密議をしていたのであった。

平安時代から中世にかけては、天狗の表象は鳶と山伏のイメージを合成して表されていた。つまり、ここで言われている「金の鳶」の姿をした崇徳院は、黄金に輝く「天狗」として描かれていたわけである。

最も恐れられた怨霊とは

能の《松山天狗》は、『撰集抄』の西行の白峯参詣《さんけい》伝説に、こうした大魔王（天狗）の頭領としての崇徳院怨霊伝説を加味することで作り出されたのである。しかも、この《松山天狗》は、江戸時代後期の文学者・上田《うえだ》秋成《あきなり》の想像力を刺激し、『雨月物語』の冒頭に配された「白峯」という作品まで生み出している。西行が白峯陵を訪れると、その前に崇徳院の亡霊が立ち現れ、恨みの念を切々と語るという能仕立てになっていて、明らかに能の《松山天狗》の影響を色濃く受けた作品であることがわかる。

このなかの崇徳院は、次のように語る。

「平治の乱を起こしたのは私だ。これによって私に弓を引いた源義朝や信西入道の命を奪った。保元の乱の時の敵方であった鳥羽上皇の后・美福門院や藤原忠通の命も奪った。しかし、なお怒りの念は収まらず、ついに大魔王となって多くの悪霊を従え、人の幸いを転じて災いとなし、天下が治まるのを見ては乱を起こしてきたのだ」。また、その姿は「柿色いたうすすびたるに、手足の爪は獣のごとく生ひのび、さながら魔王の形」であった。

明治維新で王政復古のときを迎えると、天皇家がまず思い浮かべて恐怖したのが、この崇徳院の怨霊の発現であり、政道への妨害であった。そこで、慶応《けいおう》四年（一八六八）八月、讃岐から崇徳院の霊を京都に迎え、霊を鎮めるための「白峯神社」（白峯神宮・京都市上京区今出川《いまでがわ》通り）を造営したのである。また、道鏡《どうきょう》によって帝位を奪われた淳仁天皇の霊も京都に迎えられ、やはり白峯神社に合祀《ごうし》された。天皇家や貴族たちは近代に至るまで、政争に敗れて流罪になり、その地で果てるという、きわめて珍しい悲運をたどった崇徳院や淳仁天皇などの怨霊の発現を恐れ続けたのである。

那須野 ―― 三国伝来の妖狐の遺跡

美女・玉藻前の正体とは

栃木県と福島県の県境に横たわる那須火山群の一つ、茶臼岳《ちゃうすだけ》の麓《ふもと》、那須湯本温泉街の近くに、「賽《さい》の河原」と呼ばれている、火山活動が作り出した荒涼とした場所がある。その一角に「殺生石《せっしょうせき》」と称される石群がある。火山性の有毒ガスが発生する地帯で、鳥や地上の動物、ときには人間も命を落とすことがあったので、それをこの石の仕業と考えて名づけたのであろう。近くに那須温泉神社《ゆぜん》があるが、殺生石との直接的な関係はなさそうである。

能の《殺生石》は、この殺生石をめぐる伝説に素材を求めたものである。話は次のようなものだ。玄翁《げんのう》という僧が那須野《なすの》を通りかかると、大きな石があり、その上空を飛ぶ鳥が墜《お》ちてきた。どこからともなく女が現れ、その石の周りは危険だ、と声をかける。そして、「玉藻前《たまものまえ》という美女に化けて帝《みかど》に近づき、その命を奪おうとした妖狐《ようこ》がいたが、正体を見破られて、この地に逃れて石になったのだ」という石の名の由来となった伝説を語って聞かせ、「夜になったら真実の姿を見せよう」と言って石の中に消える。

玄翁は、供養の法事を営むことにする。すると、石が二つに割れ、妖狐の姿が現れる。妖狐は天竺（インド）から中国、日本へと渡って、王朝に危害を加えてきたのであった。妖狐は、都で正体を見破られてこの地に逃げたが、武士に討たれた後は、石塊となって人畜に祟《たた》りをなしていた。しかし、いまこうして供養の法事をしてもらい、悪心も消え去ったので、今後は祟るようなことはしない、と約束して姿を消す。

殺生石伝説は、玉藻前伝説に素材を求めている。それは、お伽草子《とぎぞうし》などと名づけられている中世後期の物語群の一つとして流布した話である。殺生石の話はその後日譚《たん》なのである。

久寿元年（一一五四）の春のことである。当時は院政時代で、退位した上皇が権力をもっていた。そんな鳥羽上皇の御所にどこの者とも知れない美しい女が現れ、たちまち鳥羽上皇の寵愛《ちょうあい》を受けるようになり、玉藻前と呼ばれた。彼女は四書五経、故事来歴に明るい才女であった。上皇は彼女の美貌《びぼう》と才覚に引かれ、ついに男女の契りを結んでしまう。

ほどなくして、上皇は病の床に伏し、日に日に重くなっていった。典薬頭《てんやくのかみ》を招いて病状を尋ねたところ、「これは尋常の病ではない。邪気・悪霊の仕業だろう」と答え

「新形三十六怪撰　奈須野原殺生石之図」月岡芳年画（国立国会図書館蔵）
女性の正体は玉藻前に化けていた九尾の狐

た。廷臣たちは驚きあわてて、邪気の正体を知るために、占い上手の陰陽頭《おんようのかみ》・安倍泰《やす》成《なり》を招いて占わせた。すると、泰成は「この病は命に関わるので、ただちに邪気・物の怪《け》を調伏するためのご祈禱《きとう》をするように」と言上《ごんじょう》した。そこでさまざまな祈禱を施したが、いっこうに良くならない。

再び招かれ尋ねられた泰成は、次のように答える。「上皇の病の原因は寵愛する玉藻前である。玉藻前は三国伝来の妖狐である」

廷臣たちは泰成の説明に半信半疑であったが、とにかくその真偽を確かめるため、泰成に祈ってもらう。泰成は泰山府君《たいざんふくん》の祭り（冥府《めいふ》を司《つかさど》る神・泰山府君を祀《まつ》り延命息災を祈る、陰陽道の重要祭祀《さいし》の一つ）を行うことにして、その幣帛《へいはく》持ちの役を玉藻前に頼む。玉藻前はひどく嫌がるが、説得されて役目を引き受ける。泰成の祈禱が半ばに達したとき、玉藻前は突然その場から姿を消してしまう。正体がばれたのだ。

かくして、正体を現した妖狐は那須野に逃げ込むが、勅命を受けた関東武士の上総《かずさの》介《すけ》と三浦介《みうらのすけ》が退治に乗り出し、苦労の末に妖狐を弓で射《い》殺す。遺骸《いがい》はただちに都に運ばれ、上皇の叡覧《えいらん》の後に、平等院の宝蔵に収められた。

ところで、この物語のなかで、安倍泰成は妖狐の正体を次のように語る。これは、この伝説を読み解くきわめて重要なエピソードとなっている。

仁王経《にんのう》によれば、昔、天竺の天羅《てんら》国に斑足《はんぞく》という王がいた。この王は外道の僧（道

殺生石（鳥山石燕『今昔百鬼拾遺』国立国会図書館蔵）

に外れた僧）の教えにしたがって、千人の王の首を一度に取って自分が祀る神に供えようとする。九百九十九人を生け捕り、あと一人というところまでになって、北方の国の普明王《ふみょう》を捕らえてくる。さて、千人の首を切ろうか、ということになったとき、普明王が一日の暇を乞《こ》い、仁王般若経を唱えた。すると、それを聞いていた斑足王はたちまち悪心をひるがえし、悟りを開いて悪行を反省し、捕らえた王をそれぞれの国に送り返した。この斑足王が祀っていた神こそが、仏教を敵とし、幾百年と生き続け、中国に渡ってきた妖狐で、周《しゅう》の幽《ゆう》王の后となって王の命を奪い、さらに日本へ渡って仏法を滅ぼし王法を破壊しようとしているのだ、と。

玉藻前の正体は、そうした邪悪な思いを抱いて三国を渡ってきた、いわば由緒ある外法の神＝妖怪《ようかい》変化であったのだ。王法や仏法を破壊しようとするという点では、天狗《てんぐ》や鬼などとも通底する性格を持っているが、この伝説ではそうした破壊活動をするのが、女性であり、その正体が狐である、という点がユニークである。

玉藻前伝説の起源を歴史的な事件や人物に求める説もある。登場するのは、これまでにもたびたびふれたが、保元の乱（一一五六）とそれを彩る人物群である。

玉藻前が現れた久寿元年は、歴史的に見ると、摂関家では、前関白・藤原忠実とその次男・左大臣頼長の二人が、忠実の長男で関白・藤原忠通と氏の長者の地位をめぐって争っていたときであった。また、政治の実権を握っていたのは鳥羽上皇で、このときの天皇はまだ幼少の近衛天皇であり、鳥羽上皇と近衛天皇の権力を密《ひそ》かに狙っていたのが、崇徳上皇であった。こうした緊張関係が続くなかで、久寿二年に近衛天皇が夭折《ようせつ》する。

このとき、鳥羽上皇の后で近衛天皇の母でもある美福門院得子《とくし》と彼女と親しい関係にあった忠通が、次のような話を鳥羽上皇の耳に入れる。

「巫女の口寄せに近衛天皇の死霊が現れ、『私が死んだのは、何者かが私を呪ったからだ』と語ったという。その『何者』とは、忠実・頼長一味である」

かくして、鳥羽上皇や関白・藤原忠通、美福門院得子たちのグループと、藤原忠実・頼長グループの対立はますます深刻になっていった。そんなときに、最高権力者の鳥羽上皇が亡くなってしまう。突然に生じた権力者の空位。後継者をめぐって、崇徳上皇を推す忠実・頼長グループと後の後白河天皇を推す忠通・美福門院得子グループが、有力武士を巻き込んで、武力衝突することになる。それが武士の政権への道を開くことになった保元の乱であった。

もうおわかりだろう。玉藻前のイメージは、鳥羽上皇の寵愛を受け、その後の世の中の乱れの元凶になったともいわれる「美福門院得子」の行状を念頭に置いて造形されたのではないか、というわけである。

「げんのう」の由来

いずれにしても、この玉藻前の伝説は、「三国伝来の金毛九尾の妖狐」の伝説として広く人口に膾炙《かいしゃ》していった。日本にあまたある人を化かす狐の物語でも最高傑作であり、玉藻前は妖狐のなかの妖狐となったわけである。そのために、その後日譚としての地域的な性格を帯びた「殺生石」の伝説も生み出されることになったのである。たとえば、那須野地方に伝わる近世初頭の軍記物に『那須記』というのがある。そこに次のような話が載っている。

玉藻前の執念が殺生石となって人びとに災厄をなしていた明徳《めいとく》元年（一三九〇）正月のこと。玉藻前を退治した三浦介の子孫にあたる角田綱利という武将が那須野に出かけたとき、由緒ありげな一人の美女と出会った。後を追っていくと、女は突然、鬼となって綱利をつかみ、虚空に上がらんとした。綱利は三浦家代々の名刀で鬼を斬り、難を逃れた。鬼は、自分は玉藻前の怨霊で、三浦介たちの子孫に報復しようとしたが失敗したのは無念だ、と述べて飛び去った。

この報告を受けた関東公方《くぼう》・足利氏満《うじみつ》は、能登国總持寺《そうじ》の峩山《がさん》和尚に玉藻前の怨霊調伏を依頼した。峩山和尚は弟子の大轍《だいてつ》を派遣した。大轍は那須野の奥に分け入り、人骨が山と積まれたなかから、高さ七尺ほどの大石を見つけた。近づくと石は汗を流した。手を当てると石は地中に三尺ばかり沈んだ。これを見た大轍は、法力に服したものと思い、本国に戻っていった。

ちょうどそのころ、会津《あいづ》にいた玄翁和尚が、殺生石を引導せよ、との夢のお告げを受け、那須野に赴いて杖《つえ》で殺生石の頭を打ったところ、石は三つに割れ、なかから霊魂が現れたので、これをまた打つとたちまち消え失せた。玄翁はその霊を供養した。その霊は稲荷大明神として祀られることになった。

玄翁和尚は、南北朝時代に活躍した曹洞《そうとう》宗の高僧で、五歳で出家した後に諸国を巡り、会津の示現《じげん》寺を開いた。峩山和尚もまた曹洞宗の高僧であった。すなわち、殺生石伝説は曹洞宗の精力的な活動を反映した伝説であり、もしかしたらその布教の目的で語り出された話だったのかもしれない。いずれにしても、能の《殺生石》は、こうした地域的な伝承を背景にして作られたようである。

余談になるが、大きな金槌《かなづち》を玄翁という。これは、殺生石を割った玄翁和尚のエピソードに由来する名称である。かつてはそれほど有名な話だったのである。

戸隠――鬼女に託された記憶

鬼の隠れ棲む修験の聖地

能の《紅葉狩》は、信州の戸隠山に隠れ住む鬼を平維茂《これもち》が退治するという話である。観世小次郎《こじろう》の作といわれ、『言継卿記《ときつぐきょうき》』の天文《てんぶん》十四年（一五四五）三月四日の条に、この演目が上演されたことが記されているので、この原曲が室町時代の末期には存在していたことは明らかである。話は以下の通りである。

貴女が数人の侍女を連れて戸隠山に紅葉狩りにやってきて、酒宴を開いていた。そこに平維茂が従者を連れて通りかかり、貴女は維茂に酒宴に加わるようにと誘う。断りかねて杯を交わすうちに、維茂は酔いつぶれてしまう。これを見届けた貴女たちは山中に姿を消す。すると男山八幡（石清水八幡）の末社の神が維茂の夢に現れて、じつは貴女は鬼であることを告げ、神剣を授ける。驚いて目を覚ますと、稲妻・雷光とともに、鬼が現れて維茂に襲いかかる。しかし、維茂は少しも騒がず、授かった神剣で鬼を斬り伏せてしまう。

ところで、この曲の素材となった先行文芸はないとされている。また、この曲の舞台を戸隠山としているのは間狂言の部分なので、戸隠山を念頭に置いて作られたものかどうかも疑問視されていて、むしろこの曲が契機となって、戸隠山の鬼女退治伝承が形成されていったとも考えられているほどである。

たしかに、特定の作者の想像力が生み出した作品が広く人口に膾炙《かいしゃ》することによって、地元にも伝えられ、あたかも昔からの伝承のごとくに定着することは、よくあることである。たとえば、本書でも述べているように、丹後の大江山の麓《ふもと》に伝わる酒呑童子退治伝説なども、そうした性格を強く帯びた伝説であった。

しかし、大江山の場合もそうであったように、戸隠山には能の《紅葉狩》以前にも、鬼退治伝説が存在していた。そうした先行する鬼退治伝説を踏まえつつ、《紅葉狩》を契機に、その後の戸隠山の鬼伝説は大きく変質することになったと考えたほうがよさそうである。

では、その鬼退治伝説とはどのようなものだったのか。そして、《紅葉狩》以降、どのように変質していったのだろうか。

戸隠山は、明治初年の神仏分離によって解体・神道化されるまで、雨乞《ご》いに霊験のあることで知られた山岳信仰・戸隠派修験道の聖地であった。だが、戸隠山がいつごろから都の人びとにも知られる霊山となったのかは定かではない。それでも、平安時代の末期には、都でも名の知れた霊山になっていたことは、『梁塵秘抄』に「四方の霊験所は、伊豆の走湯、信濃の戸隠、駿河の富士の山、伯耆《ほうき》の大山……」とあることからもわかる。

戸隠修験道の中核的な神格は、現在の奥社に祀《まつ》られている九頭龍神《くずりゅう》、修験道的な言い方をすれば九頭龍権現で、その神名からも容易に推察できるように、水神・山の神であった。また、戸隠の名は古代神話の天岩戸《あまのいわと》説話に結びつけられて、手力男命《たぢからおのみこと》が天岩戸を強引に押し開いたときに、その戸をこの山に隠したことに由来すると語られて、手力男命は九頭龍権現の別身ともみなされていた。

十五世紀に編述された『顕光寺流記』などによれば、戸隠山は、学問《がくもん》行者という山岳修行僧によって開かれた。行者はまず飯綱山に登り、そこから金剛杵《こんごうしょ》（密教で用いる、煩悩《ぼんのう》を消し菩提心を表す金属製の法具）を投じると、はるか遠方の山の岩窟《がんくつ》に至った。そこで、その前で山の主を出現させるために祈ったところ、聖観音、千手観音、釈迦、地蔵が湧出《ゆうしゅつ》した。さらに祈ると、岩窟から一匹の九頭一尾の大きな龍が出現し、次のように語って、再び岩窟に戻っていった。

「私はかつてこの山の別当（住職）であったが、邪心を起こしたために龍となった。それでもこうしてこの地を守護してきたが、汝《なんじ》は信仰心を厚く持って、この地に大伽《が》藍《らん》を建てよ。そうすれば私も成仏できる」

紅葉狩りの鬼女（鳥山石燕『今昔百鬼拾遺』国立国会図書館蔵）

このために、行者はこの地に伽藍を建てた。それがかつて奥の院参道にあった顕光寺の始まりである。

この『顕光寺流記』よりも二百年ほど以前に書かれたという『諸寺略記』の戸隠山の条にも、これとほぼ同じ伝説が載っている。ところが、興味深いことに、『諸寺略記』には「九頭一尾の龍」ではなく「九頭一尾の鬼」と記されている。「龍」とすべきところを「鬼」と誤記したとも考えられるが、昔から伝承されていた戸隠の鬼伝承にたぐり寄せられた結果の誤記とも受け取ることができる。というのも、能の《紅葉狩》以前にも、戸隠山には鬼が棲《す》んでいるという伝承もあったからである。

南北朝時代の動乱を描いた『太平記』には、鬼退治で名高い源頼光の父にあたる源満仲《みつなか》が、源氏に伝わる宝刀で戸隠山の鬼を斬ったために、その宝刀を「鬼切《おにきり》」と呼ぶようになった、という話がみえる。また、室町時代に作られた『神道集』には、戸隠山に棲む官那羅《かんなら》と称する鬼が、帝《みかど》の寵愛《ちょうあい》する姫を誘拐したため、勅命を受けた満清将軍が戸隠に下向し、この鬼を退治した、という話も載っている。さらに、越後の国上《こくじょう》寺に伝わる大江山伝説では、大江山に棲みつく前の一時期、酒呑童子は戸隠山に隠れ棲んだと語っている。

戸隠村の中社に伝わる『戸隠山絵巻』も、やはり鬼退治を描いたものである。これは《紅葉狩》の影響を受けた、近世の作品だが、もしかしたら中世にまでさかのぼれ

戸隠神社中社(写真提供　戸隠神社)

る伝承内容を伝えているかもしれない興味深い作品である。つまり、この話の原拠となる話が存在していて、それが《紅葉狩》の成立に影響を与えたとも考えられるのである。その話は次のようなものである。

八世紀初頭の元正《げんしょう》天皇の頃、戸隠山の鬼神が麓の人びとを悩ませていたので、紀伊の大臣に鬼退治の勅命が下り、大臣は二人の武将だけを従えて山に入る。すると、気品のある女たちが酒宴を開いている場面に出くわした。大臣一行は誘われて酒を呑《の》みながら鬼神の様子を聞くと、「この山には九しょう大王という鬼がいるが、いまは陸奥に出かけて二、三日は戻ってこない。そこで、こうして私たちも鬼のいぬ間に、心を慰めているのだ」という。

そのうち、大臣たちは酔って眠ってしまう。これを見た女たちは鬼の姿になって、大王のもとに知らせに行く。だが、大臣は観音の夢のお告げで目を覚まし、配下の武将とともに九しょう大王を待ちかまえる。やがてやってきた九しょう大王たちと戦いが始まり、大臣たちは大王の首を斬り落とす。その首は宙に舞い上がって、口から火炎を吐いて激しく抵抗したが、やがておとなしくなり、都まで届けられて河原にさらされた。

留意したいのは、この戸隠山の鬼は男であり、しかも「九しょう大王」と称したことである。「九しょう」の「しょう」がどのような意味かはわからないが、「九」はお

戸隠神社奥社(写真提供　戸隠神社)

そらくは「九頭龍」の「九」に通じるのではないだろうか。

　こうしたことから判断すれば、明らかに中世後期には戸隠山は修験の聖地であるとともに、その聖地の背後のどこかに鬼も隠れ棲んでいるという伝承世界が築き上げられていたのであった。そして、『諸寺略記』の記述もおそらくはそうであったと思うのだが、こうした鬼のイメージに、奥社の背後の洞《どう》窟《くつ》に封じ込められている九頭龍のイメージもダブらせたくなってくるだろう。九頭龍の「九頭」という語には、天皇の支配に抵抗する勢力を「くず」（国栖、国巣、葛）と呼んで蔑《さげす》んだ古代の記憶も託されていたのではなかろうか。

鬼の正体は、男か女か

ところで、能の《紅葉狩》以前の戸隠山の鬼伝承では、性別ははっきりしない。どちらかといえば男の鬼のイメージが強調されている。また、紅葉という呼称も見出《みいだ》せない。《紅葉狩》も、鬼が貴女に化けて登場したにすぎず、はたしてその鬼が女の鬼かどうかも不明である。ただ舞台が紅葉狩りの宴《うたげ》であったにすぎないのである。にもかかわらず、その後、人口に膾炙した戸隠山の鬼伝説は、紅葉という名の鬼女を退治するという話になってしまったのである。

鬼女紅葉の名が登場する最初の伝承記録は、享保九年（一七二四）の『信府統記《しんぷとうき》』である。それには次のように記されている。平維茂が越後の守護だったとき、信濃国の戸隠山に鬼が棲んでいて、人びとを悩ませていることを聞きつけ、これを退治するためにやって来た。狩りにこと寄せて山に入り、鬼を退治したが、十七ヵ所も怪我をしたので、別所《べっしょ》温泉（長野県上田市）で養生をした。しかしその甲斐《かい》もなく、その地で果てた。そのために別所温泉には彼の墓があり、また彼の守り本尊であった観音を安置する堂を建立した。これが北向観音（常楽寺《じょうらくじ》）である。この鬼の名は紅葉といった。

この伝承は、明らかに能の《紅葉狩》の影響を受けている。それを戸隠山や別所温泉に結びつけたものになっている。しかも、興味深いことに、鬼の名が紅葉となっており、これは女の鬼であることを意識しての命名である。

もちろん、この伝承がどの程度広がっていたのかはわからない。戸隠山麓《さんろく》の村々では、鬼無里《きなさ》という地名の起こりを、鬼女紅葉が退治されたことに求めたり、たとえば紅葉の死体を焼いて埋めたという場所やその供養塔と称するものもあったりするので、近世もかなり古くから、新しい鬼伝説ともいうべき女紅葉の伝説が近隣の地域にある程度は浸透していたのかもしれない。

いずれにせよ、聖地・戸隠山は、古くから九頭龍と鬼によって支えられてきたのである。この聖地としての伝統は、現在も守り伝えられている。

安達ヶ原――鬼婆が出没する空間

鬼女が棲むにふさわしい「異界」

能の《安達原》は、私がもっとも気に入っている曲である。《安達原》というと真っ先に思い浮かべることがある。一つは、馬場《ばば》あき子《こ》が『鬼の研究』（ちくま文庫）のなかで「紡《つむ》げども紡げどもかえらぬほどの、遠い過去の思い出だけを頼りとして、ながい秋の夜を孤独に耐えている女――それこそ〈黒塚《くろづか》の鬼〉の原形である」と喝破し、「今さら何を語ったとてすでに伝わりきらぬものになってしまった生涯を省みつつ女が唄う糸繰り唄は、とても美しい」と評した言葉である。

いま一つは、鬼婆《おにばば》の家で天井から逆さ吊《づ》りにされた若い妊婦がいまにも生き血や生き肝を抜き取られようとしている場面を描いた、幕末・明治期に活躍した錦絵《にしきえ》師・月《つき》岡芳年《おかよしとし》の「奥州安達ヶ原ひとつ家の図」と題された作品である（二四七ページ参照）。

簡単に、《安達原》のあらすじをみてみよう。

熊野の山伏・祐慶《ゆうけい》一行が奥州安達ヶ原で日が暮れ、老婆一人が住む野原の中の一軒

黒塚の鬼婆（鳥山石燕『画図百鬼夜行』国立国会図書館蔵）

家に宿を借りる。女は、糸繰り車を回しながらわが身の辛《つら》さを語ると、「焚《た》き火にくべる木を山に取りに行く」と言って庵《いおり》を出て行く。その際、「閨《ねや》の内だけは覗《のぞ》かないでほしい」と告げる。だが、従者はどうしても閨の中が気になり、とうとう覗き見てしまう。

そこには「人の死骸《しがい》は数知らず、軒と等しく積みおきたり」という怖ろしい光景が広がっていた。同行の山伏は、古人が「陸奥の安達が原の黒塚に鬼籠《こも》れり」と詠《よ》んでいるが、その歌の意味はこのことだったのか、と思い至る。あわてて逃げる一行の前に、先ほどの女が鬼の姿に変身して姿を現し、鉄の杖《つえ》を振り上げて攻撃してきたが、山伏たちが必死になって如意輪観音に祈ったところ、やがて退散していった。

さて、現在、この作品の舞台は、地元の人びとには福島県二本松《にほんまつ》市内にある「黒塚」や観世寺境内にある鬼が籠もっていた岩屋の跡（笠岩）のあたりだと考えられている。地元には、次のような話が伝えられているからである。

昔、京のさる公卿《くぎょう》の姫の乳母をする老婆がいた。姫が病気になり、「妊婦の生き肝を飲ませれば治る」と聞いた老婆は、遠く奥州まで生き肝を求めてやってきて、安達が原の岩屋に落ち着いた。ある夜、若い夫婦がこの岩屋に宿を求めた。妻はお腹に子どもを宿しており、その夜、にわかに産気づいた。夫が薬を求めて外に出たすきに、やっと生き肝が手に入ると喜んだ老婆は、出刃包丁で妊婦の腹を割《さ》いて生き肝を取ってしまった。

老婆は、何気なく妊婦の持っていたお守りに目をやった。なんとそれは、幼くして生き別れた実の娘に持たせたものではないか。我が子を殺《あや》めた罪の深さに恐れおののいた老婆は、たちまち気が触れて、宿を求めた旅人を次々に殺しては血を吸い肉を喰《く》らう鬼婆となってしまった。

その後、祐慶という熊野の僧が安達ヶ原を通りかかって鬼婆の岩屋に宿をとった。そのとき、老婆が「閨を覗くな」と言ったのが気になった祐慶は、閨を覗きたい誘惑に負け、中を覗いてしまった。そこには、おびただしい死骸が横たわっていた。

さてはここが地元で怖れられている鬼婆の住処《すみか》であったか、と祐慶は悟る。あわて逃げ出した祐慶を鬼婆が追う。もうこれまでかと覚悟するほどに迫ってきたとき、肌身離さず持っていた仏像に祈ったところ、その像が空中に舞い上がり、弓矢を放って射殺した。祐慶がこの鬼婆の遺骸《いがい》を葬ったところが「黒塚」であり、祐慶が所持していた仏像を納め祀《まつ》ったところが「観世寺」、鬼婆が棲んでいたのが、境内の「岩屋(笠岩)」である。

月岡芳年の「奥州安達ヶ原ひとつ家の図」は、明らかにこうした伝承に基づいて描かれたものである。しかし、この「安達ヶ原の鬼婆」伝承が、能の《安達原》が作られた室町時代まで遡ることができるかというと、これはきわめて疑わしいと言わざるをえない。その理由の第一は、室町時代の記録類には、安達ヶ原に鬼女が棲むという伝承が見えないからである。私の考えでは、この在地の伝承は近世の浄瑠璃『奥州安《おうしゅうあ》達原《だちがはら》』（初演宝暦《ほうりゃく》一二年）をもとにして作られているようである。

もちろん、記録されなかっただけで、存在していた可能性をまったく排除することはできない。しかし、別の方面からも疑念を呈することができるのである。能の《安達原》では、黒塚と呼ばれる塚や岩屋に言及していない。また、鬼女を退治したともその遺骸を埋葬したとも語っていない。これは、能の作者が少なくとも今日地元で語られるような伝承を知らなかったことを物語っていると考えられる。もし、作者が前述の説話のような黒塚の由来を承知していれば、能の《殺生石》がそうだったように、退治されて埋葬された鬼女の塚を訪れた諸国一見の僧が鬼女の亡霊に出会う、という夢幻能の形式をとった作品に仕立てあげたことだろう。

さらに次のような指摘もある。作者の脳裏には、作品のなかでも言及されているように、この作品の唯一の典拠とされる『拾遺集』に収められた、平兼盛《かねもり》の「陸奥の安達原の黒塚に鬼籠れりというはまことか」という歌がたしかに思い浮かんだ。しかし、興味深いことには、『拾遺集』では、この歌の前に「名取郡黒塚に重之《しげゆき》が妹あまたありと聞きつけて使いを出した」ときの歌と記されている。つまり、この歌は「安達が原には鬼が隠れ棲んでいるという話があるが、それはほんとうか」と問いかけている

「奥州安達ヶ原ひとつ家の図」月岡芳年画(国立国会図書館蔵)

のではないのだ。ここでの「鬼」は、『堤中納言物語』に見える「鬼と女は人に見えぬぞよき」という有名な言葉をふまえた、歌の受取り手である女性に対して、「鬼が棲むような陸奥に住んでいるのはほんとうですか」といった意味の問いかけをした「恋歌」のたぐいであったという。そうだとするなら、作者は歌の隠喩《いんゆ》的な意味を意図的に無視し、中世の女が抱え持った深い絶望・疎外感や怨念《おんねん》の物語を鬼女に託して新たに紡ぎ出したということになる。

おそらく、作者にとってこの作品の舞台は、鬼女が出現しそうな場所ならば、どこでもよかったのだろう。言い換えれば、都の人びとにとっては、「陸奥」という地域それ自体が、そしてまた「人里離れた野原の一軒家」という場所それ自体が、「鬼女」が棲むにふさわしい「異界」を表していたのである。

このように考えると、地元に伝わる伝承のたぐいは、この《安達原》が高い評判を得たことから、それにこと寄せて、後世になってから、《安達原》のゆかりの場所の「発見」（創造）やそれにふさわしい物語として生み出されたものらしいことが明らかになってくるはずである。

「生き肝」へのこだわり

それでは、《安達原》の作者は、作品を構想するにあたって、どのような先行説話・伝承モチーフや民間信仰を参考にしたのだろうか。まず考えられるのは、室町時代から多く描かれ続けた『大江山酒呑童子絵巻』の鬼が城内の光景である。そこには、血や肉を食べるためにさらわれてきた人間の遺骸や骨が山積みにされたり木の枝などに引っかけられている凄惨《せいさん》な場面が描き出されている。これは、明らかに《安達原》の、鬼女の閨の内部の光景と通底している。

もう一つの重要な説話伝承としてあげられるのは、山奥に棲む化け物に関する昔話のたぐいである。たとえば、岩手県の遠野《とおの》地方で採集された「三人兄弟・化け物退治」型の昔話に、次のようなものがある。

あるところに、武芸に秀でた三人の兄弟がいた。奥山に悪い化け物が出るというので、まず兄の太郎が退治に出かけたが、帰ってこない。そこで次男の二郎が出かけたが、やはり帰ってこない。そこで三郎が出かけることになった。山に入っていくと、木陰から美しい女が出てきて「どこに行くのか」と尋ねた。「この山の化け物を退治しに行く」と答えると、「その山はまだまだ遠い。ここで休んでから行ったほうがいい」と告げ、三郎を寝かせる。

言われるままに三郎は横になったが、左右の目を交互に開けて女の様子を監視していたところ、美しい女が大蛇に変じて嚙《か》みついてきた。そこで三郎は刀を抜いて斬り殺した。女が出てきた大木の陰を調べると、おびただしい人骨が山と積まれているのを発見した。そのなかには、兄たちのものと思われる脇差も混じっていた。

ここでは「大蛇」の化け物の例を挙げたが、「山に棲む化け物」にはこの他にも「山姥《やまうば》」「鬼婆」「蜘蛛《くも》」などがいて、右の話と同じ内容の話を伝えている。とくに、中世になって登場してくる「山姥」伝承には、「糸を繰る」という要素がしばしば見《み》出《いだ》される。この「糸車を回す山姥」のイメージが、安達ヶ原の鬼婆にも投影されていると私には思われてならないのだ。

さらに私が想起したもう一つの伝承は、『宇治拾遺物語』にも見える「纐纈城《こうけつじょう》」説話である。これは、中国に渡った慈覚大師（円仁）が、ある山の奥に足を踏み入れたとき、立派な家があり、中に入ると鉄の扉が閉じられてしまう。邸内を歩き回っていると、一つの建物があり、中を覗くと、多くの人が逆さまに吊《つる》し上げられていて、血を搾《しぼ》り取られていた。そのなかの一人がそっと「こうして搾り取った血で纐纈を染めて売るのだ」と教えてくれる。驚いた大師は比叡山の方に向かって祈り、霊犬の導きで邸《やしき》を抜け出す、という話である。

もちろん、この話が《安達原》に直接影響を与えたかどうかはわからない。だが、山の中の一軒家で逆さ吊りにされるというモチーフは、月岡芳年の「残酷絵」が物語るように、《安達原》から新たに紡ぎ出され、地元をはじめとして全国的に広がり浸透した近世の「安達ヶ原・黒塚」伝承の生成には大きな影響を与えたと思われる。

中世から近世には、人の「生き肝」が難病に効くという信仰が広く流布し、そのための人身売買も行われていたという。「生き肝を取る鬼婆」のイメージは、そうした民間信仰伝承からも採られて「安達ヶ原の鬼婆」伝承のなかに組み込まれていったのだろう。

あとがき

この本は、能楽愛好者のための雑誌『観世』（檜書店）に、二年間にわたって連載した「能のなかの異界」に加筆・修正を加えたものである。私は能楽論・能楽史の専門家ではないし、熱心な能楽愛好家ともいえない。しかし、日本文化を考えるときに、能楽はきわめて重要な位置を占めるということを、さまざまな機会を通じて痛感していた。というのも、その作品群は、日本に土着してきた思想を考えるための「教典」のような役割を果たしていると思われたからである。私は日本の妖怪《ようかい》や異界の研究を少しずつ深めていくにつれて、そのような意味での能楽の世界に引き寄せられ、ときには鑑賞し、ときにはそのテキストを紐解《ひもと》くようになったのであった。

能楽はいろいろな貌《かお》をもっている。たとえば、それを文学として論じることもできるだろう。芸能身体論として論じることもできるだろうし、哲学や美学論としても論じることができる。私の場合は、京都人のコスモロジーの表出媒体として、とくにトポス（場所性）論の素材として理解し、そこに描かれている、長い伝統のある聖なる場所を取り上げて、現代人に失われかけているその場所をめぐる感性の記憶を少しでも取り戻すことを目指した。

もっとも、プロローグでも述べたように、この本で取り上げた「聖地・異界」は、中世京都人がこの日本列島のなかに見出《みいだ》した「地上的な聖地・異界」もしくは「異界の入り口」であって、「本当の異界」はその向こう側に想定されていた。この「本当の異界」は、仏教的な言い方をすれば、死後世界としての「極楽」と「地獄」であり、地理的な言い方をすれば、「三国一の花嫁」という言い方に象徴される、「唐土《もろこし》」（中国）と「天竺」（インド）であった。

ところが奇妙なことには、かつての日本人は、この「極楽」についても、「天竺」についても、ほとんど独自な具体的イメージを作り上げることはなかった。これらはひと言でいえば「天」のどこかにある世界と考えられていたという程度にすぎないのである。

最近になって、とりわけ本書で試みたような聖地・異界の探究を通じてわかってきたのは、「空虚」ともいえる「極楽」と「天竺」という時空を言説上に設定することで、はじめて日本人の世界が構築されるようになったのだ、ということであった。言いかえれば、それ（終点）があることで、「俗世」（始点）とその向こうにある深々とした「奥」が構築されたのである。それを失ったならば、この世界は、平板で厚みのない「俗世」だけの世界になり下がり、私たちは没場所性の空間を生きなければならない。

かつての「聖地・異界」を巡る旅は、じつは現代人が置かれている没場所性の状況を気づかせ、場所への感性を磨き上げることを促す試みでもあるのである。

というわけで、私は手を替え品を替えながら、これからも諸国一見の僧もどきの役目を演じ続けたいと思っている。

二〇〇六年三月

小松和彦

角川ソフィア文庫版あとがき

本書は、今から十五年ほど前に刊行した、能楽・謡曲を手がかりに中世の日本人、とくに京都人の「聖なる場所」(異界)を探った『誰も知らなかった京都聖地案内』を、このたび『聖地と日本人』と改題し、角川ソフィア文庫の「○○と日本人」シリーズの一冊に加えたものである。この角川版の刊行にあたっても、若干の修正をほどこすとともに、『京都聖地案内』に収録していなかった「日高川」に関する一文を新たに追加し、全部で二四(曲目)を取り上げている。初出時の制約もあって比較的短めの文章となっているが、いずれも悪戦苦闘の末に書き上げたということもあり、思い出深い本である。

今から三十年ほど前の妖怪研究を本格化させていた頃、私の脳裏には「妖怪」というキーワードとともに絶えず浮かびあがってきていたのが「異界」であった。妖怪が怪しい存在や現象であるとすれば、異界はそうした存在・現象が生まれてくる温床もしくは棲《す》み処《か》である。したがって、妖怪のことを考えていると、必ず異界についても考えざるをえなかったのである。

異界研究が進み、今では信仰上の異界と人間の想像力が生み出したフィクションとしての異界を区別して考えるようになったが、日本人はそのいずれであれ、いつでも「異界」という領域、言い換えれば「別世界」を想定し、そこにさまざまな意味や役割を託してきた。

私が異界とは何かを考えるための手がかりとして最初に着手したのは、昔話などの説話のなかの異界であった。これについては『神々の精神史』（講談社学術文庫）や『神隠しと日本人』（角川ソフィア文庫）などで論じた。

次いで取り組んだのは絵画資料、とくに絵巻に描かれた異界であった。これについては『日本妖怪異聞録』（講談社学術文庫）や『異界と日本人』（角川ソフィア文庫）、『妖怪絵巻――日本の異界をのぞく』（「別冊太陽」）などで検討を加えた。

そうした考察を重ねつつ、次に挑戦したのが、中世日本の異界論の「本丸」と考えていた、芸能としての「能楽」、文学としての「謡曲」であった。

能楽・謡曲は、私には難題・強敵であった。プロローグでも述べたように、それは今でも変わっていない。まず古典文学全集などに収録されている作品を読み、さらに典拠となった作品を調べた。難渋したのはそれからであった。能楽・謡曲を論じるからには一度は上演しているところを見なければということで、これはという曲が上演されているときに能楽堂や薪能に足を運んだ。それでも叶《かな》わないときにはＤＶＤなどを見ることで補ったが、正直に告白すると、本書で論じている作品の数点はまだ実演を見ていないものがある。

そんな状態で細々と考察を進めていたのであるが、世間での妖怪文化への関心が高まるにつれ、《大江山》《土蜘蛛》《山姥》など、鬼や妖怪が登場する作品の上演もしだいに増え出し、そのパンフレットに作品の典拠となった話や信仰的背景などに関するエッセイを頼まれることが多くなった。そしてそれに気づいたのであろう、能楽・謡曲ファン向けの雑誌『観世』から「能のなかの異界」というテーマでの連載を頼まれたのであった。これが本書のもとになったものである。

残念ながら、能楽・謡曲に関心を持ちながらも、私はその上演を審美するセンスが無い。しかし、異界論研究の一環として、その作品の典拠やその背景にある信仰的・説話などを探っていたので、それを少しでも披露できればとの思いから、その連載もお引き受けしたのであった。連載は、二〇〇三年七月から二〇〇五年七月までに及んだ。

振り返ってみれば、楽しい連載であったが、なかには資料がありすぎて、与えられた紙面では足りないと思うこともあれば、逆に資料が少なく、紙面を埋めるのに四苦八苦することもあった。能楽研究者でもない私の限られた知見では及ばなかったことも手伝って、作品によって記述に濃淡が生じているのを否めないと思っている。

その後、この「あとがき」の冒頭で述べたように、この連載は出版社の意向もあって『京都魔界案内』の続編の意味合いを持たせて『京都聖地案内』と改題し、若干の加筆・修正を施して「光文社知恵の森文庫」の一冊として刊行することができた。

これによって、長年の私の懸案であった能楽・謡曲を手がかりにした異界論を曲がりなりにも論じることができたわけであるが、その後、いくつかの作品についてはさらに考察を深めた論文を発表していることを言い添えたいと思う。

妖怪と異界は、私の研究上のとりわけ重要なキーワードであり、研究を進める上での両輪である。その成果の一角を占める本書が、こうして装いを新たに世の中に出ることを、とてもありがたく思うとともに、これによって能楽・謡曲に興味を持つ方が少しでも増えることを願っている。

二〇二一年正月

小松　和彦

本書は二〇〇六年四月に刊行された『誰も知らなかった京都聖地案内　京都人が能楽にこめた秘密とは』（光文社）を改題し、文庫化したものです。文庫化にあたり、「日高川」は、雑誌『観世』（檜書店）の連載「能のなかの異界」を再構成、加筆修正して収録しました。

聖地《せいち》と日本人《にほんじん》

小松和彦《こまつかずひこ》

令和3年 3月25日 初版発行
令和6年 3月15日 再版発行

発行者●山下直久

発行●株式会社KADOKAWA
〒102-8177 東京都千代田区富士見2-13-3
電話 0570-002-301(ナビダイヤル)

角川文庫 22611

印刷所●株式会社KADOKAWA
製本所●株式会社KADOKAWA

表紙画●和田三造

●お問い合わせ
https://www.kadokawa.co.jp/ (「お問い合わせ」へお進みください)
※内容によっては、お答えできない場合があります。
※サポートは日本国内のみとさせていただきます。
※Japanese text only

ISBN 978-4-04-400636-5 C0139

◆◇◇

角川文庫発刊に際して

角川源義

第二次世界大戦の敗北は、軍事力の敗北であった以上に、私たちの若い文化力の敗退であった。私たちの文化が戦争に対して如何に無力であり、単なるあだ花に過ぎなかったかを、私たちは身を以て体験し痛感した。西洋近代文化の摂取にとって、明治以後八十年の歳月は決して短かすぎたとは言えない。にもかかわらず、近代文化の伝統を確立し、自由な批判と柔軟な良識に富む文化層として自らを形成することに私たちは失敗して来た。そしてこれは、各層への文化の普及滲透を任務とする出版人の責任でもあった。

一九四五年以来、私たちは再び振出しに戻り、第一歩から踏み出すことを余儀なくされた。これは大きな不幸ではあるが、反面、これまでの混沌・未熟・歪曲の中にあった我が国の文化に秩序と確たる基礎を齎らすためには絶好の機会でもある。角川書店は、このような祖国の文化的危機にあたり、微力をも顧みず再建の礎石たるべき抱負と決意とをもって出発したが、ここに創立以来の念願を果すべく角川文庫を発刊する。これまで刊行されたあらゆる全集叢書文庫類の長所と短所とを検討し、古今東西の不朽の典籍を、良心的編集のもとに、廉価に、そして書架にふさわしい美本として、多くのひとびとに提供しようとする。しかし私たちは徒らに百科全書的な知識のジレッタントを作ることを目的とせず、あくまで祖国の文化に秩序と再建への道を示し、この文庫を角川書店の栄ある事業として、今後永久に継続発展せしめ、学芸と教養との殿堂として大成せんことを期したい。多くの読書子の愛情ある忠言と支持とによって、この希望と抱負とを完遂せしめられんことを願う。

一九四九年五月三日

角川ソフィア文庫ベストセラー

神隠しと日本人
小松和彦

「神隠し」とは人を隠し、神を現し、人間世界の現実を隠し、異界を顕すヴェールである。異界研究の第一人者が「神隠し」をめぐる民話や伝承を探訪。迷信でも事実でもない、日本特有の死の文化を解き明かす。

妖怪文化入門
小松和彦

河童・鬼・天狗・山姥――。妖怪はなぜ絵巻や物語に描かれ、どのように再生産され続けたのか。豊かな妖怪文化を築いてきた日本人の想像力と精神性を明らかにする、妖怪・怪異研究の第一人者初めての入門書。

呪いと日本人
小松和彦

日本人にとって「呪い」とは何だったのか。それは現代に生きる私たちの心性にいかに継承され、どのように投影されているのか――。呪いを生み出す人間の「心性」に迫る、もう一つの日本精神史。

異界と日本人
小松和彦

古来、日本人は未知のものに対する恐れを異界の物語に託してきた。酒呑童子伝説、浦嶋伝説、七夕伝説、義経の「虎の巻」など、さまざまな異界の物語を絵巻から読み解き、日本人の隠された精神生活に迫る。

鬼と日本人
小松和彦

民間伝承や宗教、芸術などの角度から鬼をながめると、多彩で魅力的な姿が見えてくる。「鬼」はどのように私たちの世界に住み続けているのか。説話・伝承・芸能・絵画などから、日本人の心性を読み解く。

角川ソフィア文庫ベストセラー

桃太郎の誕生
柳田国男

「おじいさんは山へ木をきりに、おばあさんは川に洗濯へ――」。誰もが一度は聞いた桃太郎の話。そこには神話時代の謎が秘められていた。昔話の構造や分布などを科学的に分析し、日本民族固有の信仰を見出す。

昔話と文学
柳田国男

「竹取翁」「花咲爺」「かちかち山」などの有名な昔話（口承文芸）を取り上げ、『今昔物語集』をはじめとする説話文学との相違から、その特徴を考察。丹念な比較で昔話の宗教的起源や文学性を明らかにする。

小さき者の声
柳田国男傑作選

柳田国男

表題作のほか「こども風土記」「母の手毬歌」「野草雑記」「野鳥雑記」「木綿以前の事」の全6作品を一冊に収録！　柳田が終生持ち続けた幼少期の直感やみずみずしい感性、対象への鋭敏な観察眼が伝わる傑作選。

柳田国男　山人論集成

柳田国男
編／大塚英志

独自の習俗や信仰を持っていた「山人」。柳田は彼らに強い関心を持ち、膨大な数の論考を記した。その著作や論文を再構成し、時とともに変容していった柳田の山人論の生成・展開・消滅を大塚英志が探る。

神隠し・隠れ里
柳田国男傑作選

柳田国男
編／大塚英志

自らを神隠しに遭いやすい気質としたロマン主義者であった柳田は、他方では、普通選挙の実現を目指すなど社会変革者でもあった。30もの論考から、その双極性を見通す。唯一無二のアンソロジー。

角川ソフィア文庫ベストセラー

死者の書

折口信夫

「した　した　した」水の音と共に闇の中で目覚めた死者・大津皇子と、藤原南家豊成の娘・郎女の神秘的な交感を描く折口の代表的小説。詳細かつ徹底的な注釈と、『山越阿弥陀図』をカラー口絵で収録する決定版！

遠野物語 remix
付・遠野物語

京極夏彦
柳田國男

雪女、座敷童衆、オシラサマ――遠野の郷の説話を収めた『遠野物語』。柳田國男のこの名著を京極夏彦が〝リミックス〟。深く読み解き、新たに結ぶ。柳田の原著も併載、読み比べなど、楽しみが広がる決定版！

遠野物語拾遺 retold
付・遠野物語拾遺

京極夏彦
柳田國男

『遠野物語』刊行から二十余年後、柳田のもとには多くの説話が集められた。近代化の波の間で語られた二九九の譚を京極夏彦が新たな感性で紡ぐ。原著もあわせて収載、読み比べも楽しめる。

稲生物怪録

京極夏彦＝訳
編／東　雅夫

江戸中期、三次藩の武士・稲生平太郎の屋敷に、1ヶ月にわたり連日、怪異現象が頻発。目撃談を元に描かれた「稲生物怪録絵巻」、平太郎本人が残したと伝わる『三次実録物語』、柏正甫『稲生物怪録』を収録。

日本の民俗　祭りと芸能

芳賀日出男

写真家として、日本のみならず世界の祭りや民俗芸能の取材を続ける第一人者、芳賀日出男。昭和から平成へと変貌する日本の姿を民俗学的視点で捉えた、貴重な写真と伝承の数々。記念碑的大作を初文庫化！

角川ソフィア文庫ベストセラー

高野聖　五来　重

高野山を拠点に諸国を遊行した高野聖。彼らはいかに民衆に根ざした日本仏教を広め、仏教の礎を支えてきたのか。古代末期から中世の聖たちが果たした役割と、日本宗教の原始性を掘りおこした仏教民俗学の名著。

円空と木喰　五来　重

修験道の厳しい修行に身をおいた円空。旅を棲家とした木喰。作風は異なるが、独自の仏像・神像を造り上げ、人々から深く信仰された。ふたりの生活や境涯から、彼らの文学と芸術と芸能の本質に迫る。

日本俗信辞典 動物編　鈴木棠三

「ネコが顔を洗うと雨がふる」「ナマズが騒ぐと地震が起きる」「ネズミがいなくなると火事になる」——。日本全国に伝わる動物の俗信を、「猫」「狐」「蜻蛉」「蛇」などの項目ごとに整理した画期的な辞典。

日本俗信辞典 植物編　鈴木棠三

「ナスの夢を見るとよいことがある」「ミョウガを食べると物忘れをする」「モモを食って川へ行くと河童に引かれる」ほか、日本全国に伝わる植物に関する俗信を徹底収集。項目ごとに整理した唯一無二の書。

日本再発見 芸術風土記　岡本太郎

人間の生活があるところ、どこでも第一級の芸術があり得る——。秋田、岩手、京都、大阪、出雲、四国、長崎を歩き、各地の風土に失われた原始日本の面影を見いだしていく太郎の旅。著者撮影の写真を完全収録。